Actividad física en espacios públicos

Fenómeno social en auge

Roberto Ojeda García

Primera edición, 2024

© 2024, Editorial INDE
       www.inde.com
       editorial@inde.com
© 2024, el autor

ISBN: 978-84-9729-445-4

DL MU 1018-2024

Impreso en España

Índice

Prólogo

Manuel Navarro Valdivielso.
Catedrático E.U. de la Universidad de Las Palmas de Gran Canaria
Director General de Deporte del Gobierno de Canarias (1982-1987 y 1991-1993)

Deseo agradecer la invitación del Dr. Roberto Ojeda García a prologar esta monografía sobre "La actividad física por cuenta propia como fenómeno social", y al mismo tiempo, me permita reseñar brevemente las inquietudes investigadoras del que fue mi mejor discípulo en nuestras tareas docentes e investigadoras en la Universidad de Las Palmas de Gran Canaria.

Comenzamos nuestra andadura con su tesis doctoral en el año 2004, sobre "Los Servicios de Deportes en los municipios rurales de Gran Canaria"; luego con varias publicaciones sobre la gestión en el Deporte, así como de proyectos I+D+ i del Ministerio de Educación y Universidades de España sobre "Efectos de la aplicación de un programa de intervención extracurricular en la Educación Secundaria Obligatoria para la mejora de la condición física, hábitos saludables y el nivel de intensidad de la actividad física en los adolescentes.", formando un equipo de trabajo junto a otros excelentes profesionales de la Actividad Física y el Deporte que desde mi atalaya de jubilado se tiene una mejor perspectiva de los avances en este campo científico.

En lógica con el contenido de esta obra también he de agradecer que el preámbulo de este libro sea del Dr. Juan A. Mestre Sancho (Primer Director del Instituto de Ciencias de la Actividad Física y Deportes de la Universidad Católica de Valencia), y que ha dejado una huella imborrable e imprescindible en la transformación de los Servicios de Deportes de los Cabildos canarios y sus Ayuntamientos. Sus textos fueron el ABC en la Planificación y gestión deportiva municipal.

El tema que aborda en este libro es de permanente actualidad. En efecto, caminar, correr, nadar, saltar, subir y bajar montañas, lanzar, bailar… y una larga retahíla de verbos de acción y movimiento, es característico del ser humano. He escuchado, con frecuencia, la escusa de las personas que se declaran sedentarias por no tener instalaciones deportivas adecuadas o que carecen de tiempo para dedicar un rato de su jornada para realizar el ejercicio físico que conlleve mayor bienestar físico, intelectual y emocional. Hay muchísimas evidencias científicas que aseveran y recomiendan la Actividad Física con la Salud, en cualquiera de las edades y circunstancias personales. O sea que, parece que ya se percibe la necesidad, la convicción, la utilidad y la compensación anímica de salir a espacios abiertos y caminar, haciendo camino al andar, tomando como referencia unos elocuentes versos del poema "Proverbios y cantares" de Antonio Machado Ruiz en la que expresa la idea de que la vida es una creación personal y colectiva.

Y es así como se manifiesta en la actualidad. Las personas salen a la calle, a las avenidas, a las circunvalaciones de las ciudades, a las plazas y parques, a la arena de las playas, o explorando senderos y caminos reales de antaño. Detienen su ajetreada vida de trabajo y enjauladas en sus viviendas para emprender el camino más seguro, la felicidad de sentirse vivo, aquí y ahora.

Para entrar en detalles le recomiendo la lectura de este libro. Puede decirse que es un libro de autoayuda o un instrumento para planificar y ordenar los espacios colectivos.

Gracias Roberto por aportar más evidencias científicas a la Actividad Física y el Deporte, y por tu amistad.

Preámbulo

Juan A. Mestre Sancho

Director del Instituto de Ciencias de la Actividad Física y Deportes de la Universidad Católica de Valencia

Quienes se adentren en las páginas que siguen encontrarán una obra que aborda una de las formas más extendidas en el universo de la práctica deportiva contemporánea, el deporte «por cuenta propia», el deporte sin sometimiento a afiliación alguna, ni adscrito a organizaciones facilitadoras de su consumo, practicado como manifestación del libre albedrío de cada deportista.

La realidad social del deporte y las intenciones que motivan su práctica son plurales y variopintas. Tanto una competición olímpica como una carrera en solitario por un bosque o una clase docente en la etapa escolar tienen cobijo bajo el mismo concepto: deporte. Así pues, una primera aproximación al entendimiento de esa realidad será su distinción en función del organismo que la respalda, si es que tal existe. El deporte de competición lo acogen los clubes y las federaciones deportivas y lo regulan unas determinadas leyes. El deporte escolar se practica en los centros educativos regulado por otro conjunto de textos legislativos de intenciones y finalidades bien diferentes de las anteriores. Un tercer gran bloque lo constituye la práctica física y el deporte que no pretende –inicialmente– competir, ni tampoco educar y formar a la juventud a través del movimiento. Es el caso que se analiza y se estudia en el presente texto de la mano de su autor, Roberto Ojeda.

Esta triple realidad queda reflejada en los anuarios oficiales, publicados por el Ministerio de Cultura y Deporte. Conforme a los datos correspondientes a 2022[1], en España el 45 % de las personas encuestadas manifiestan practicar deporte en instalaciones deportivas específicas, frente al muy superior 63 % que utilizan espacios abiertos de uso libre como parques o el campo, objeto preferente del presente estudio. Si diferenciamos por sexos, un porcentaje mayor de mujeres prefiere hacer uso de los espacios convencionales (el 48 % de ellas frente al 43 % de ellos) mientras que un porcentaje mayor de hombres hace uso de los espacios no convencionales (75 % de ellos frente al 70 % de ellas). Se trata de datos globales que ponen de relevancia la necesidad de análisis semejante en el ámbito local para una planificación deportiva, objetiva y realista en cada localidad; lo contrario no dejará de ser mera improvisación.

---

(1) *Anuario de Estadísticas Deportivas 2022*. Elaborado por la División de Estadística y Estudios, Secretaria General Técnica, Ministerio de Cultura y Deporte.

La inclusión del deporte en la planificación del espacio público no es una invención reciente, por cierto. A lo largo de la historia, las ciudades, los poblados, los asentamientos humanos han dado diversos usos a los espacios urbanos libres de edificaciones. Así lo expresó Platón hace veinticinco siglos en su obra «Las leyes», en boca del «ateniense», uno de los interlocutores que dan sentido al texto, camino del santuario de Zeus, junto a sus compañeros Clinias y Megilo. En las ciudades, viene a decir, deben construirse gimnasios públicos, repartidas en tres lugares diferentes por el centro de las ciudades, que a la vez sean escuelas para la juventud; así mismo y en las afueras del entorno de cada la ciudad, deben destinarse otras tantas explanadas con la finalidad de facilitar y motivar el ejercicio físico, los deportes, su práctica y su entrenamiento (Libro VII. 804c). Edificios cerrados y espacios libres, en definitiva. No deja de sorprender lo antaño del pensamiento y su vigencia a lo largo de los siglos, como tampoco que se llegara a perder ese sentido, esa demanda durante años, llegando a producir la inhabitabilidad de las urbes, con gran esfuerzo reciente por revertir esa situación.

Volviendo a la realidad deportiva, el presente texto presenta un buen número de interesantes respuestas. La primera, desde luego, es la temática en sí, el estudio como fenómeno social de algo tan cotidiano y tan presente en los espacios públicos de los municipios como es la práctica física en ellos realizada.

En el primero de los tres grandes capítulos en los que Roberto Ojeda ha dividido la obra, se hace un esclarecedor acercamiento a este modo de realizar actividad física tan implantado en nuestro país. De forma concisa se abordan asuntos como el fenómeno social y su identificación con miras a la actividad física por cuenta propia, la investigación social como base del análisis a realizar, el impacto que ejercen las relaciones sociales sobre los sujetos, o las motivaciones sociales hacia el ejercicio físico deportivo, entre otros, que dan soporte teórico a la investigación.

En un segundo capítulo se analiza el perfil de quienes realizan su actividad física, habitualmente, en los espacios públicos. Tras la justificación acerca de la importancia del estudio (en última instancia «ser más eficientes en la gestión de estos espacios dotacionales como zonas de autoservicio público de actividad física por cuenta propia»), su fundamentación teórica y su fundamentación científica, se procede a la descripción de la metodología utilizada y a la exposición de los resultados, objeto del estudio.

Finalmente, en el tercer y último capítulo se presentan las «estrategias públicas de impacto» tendentes hacia la mejora de la productividad social de estos espacios en la medida en que constituyen focos para la promoción del deporte ejercitado por cuenta propia, bajo dos dimensiones estratégicas, la dotación de nuevos espacios con estos fines, y las mejoras en los ya existentes, y tres variables aplicadas en cada caso, la social, la técnica y la promocional.

No cabe duda de que el deporte, en tanto que realidad social, evoluciona día a día, pero en las últimas décadas ha experimentado una decisiva transformación. Los motivos, como se recoge en el texto, pueden responder a nuevas necesidades o demandas que surgen socialmente, conjuntamente a la evolución de los hábitos cotidianos de las poblaciones. En este contexto, cualquier fenómeno social puede incidir, positiva o negativamente, en la práctica física y deportiva. De ahí la importancia del estudio de cada caso, de cada municipio en particular.

Bajo esta premisa, Roberto Ojeda propone una investigación «atemporal y deslocalizada», buscando reconocer e identificar la realidad objetiva de este modo de practicar deporte en unos casos concretos, y poder contrastarla con los datos oficiales de los organismos deportivos competentes de manera que resulten pertinentes. La atemporalidad, necesaria debido a la disparidad de horarios de práctica de la población estudiada sujeta únicamente a su voluntad o disponibilidad de tiempo libre, supuso una de las dificultades en la recopilación de los datos. La deslocalización, consecuencia de la diversidad de escenarios de práctica –parque, calle, playa, monte– conlleva la segunda gran dificultad. Y con ambas surge el mayor interés del estudio, adentrarse en el conocimiento de un modo de practicar deporte de posibilidades tan exponenciales, tan desconocido por lo tanto, centrado en tres municipios de la isla de Gran Canaria, uno pequeño, uno mediano y una gran ciudad.

Como no se trata de hacer «spoiler», sino invitar a través de este breve preámbulo a la lectura de la obra al completo, tan solo se comentan los grandes apartados en los que se ordenan los resultados, convencidos de que su lectura resultará muy esclarecedora acerca de esta manera de acercarse a la práctica deportiva. En este sentido, de los datos obtenidos en la investigación se han podido conocer datos concluyentes como los días frecuentados de práctica, entre semana y los fines de semana, también los horarios preferidos o, quizás mejor, permitidos por los horarios personales, como su distribución por género según cada variable y segmentos de edad, para cada uno de los tres tipos de municipio.

Seguidamente se analiza la modalidad de práctica, caminar, carrera suave, carrera intensa; su dinámica, en solitario o en compañía; así como la duración del tiempo de práctica por cada sesión, segmentadas por sexo. Otros datos, igualmente muy interesantes desde el punto de vista sociológico, conforman y completan este apartado, como son el equipamiento utilizado por quienes practican, o la utilización, en su caso, de elementos de control de la actividad física mientras se realiza. Concluye el capítulo con la elaboración de un análisis DAFO a partir de los datos obtenidos y su discusión, de una gran utilidad de cara a la gestión de estos espacios por parte de las administraciones públicas implicadas en la muestra y, por inferencia, al conjunto del universo de los municipios españoles.

Así pues, nos encontramos con una obra interesante, fruto de un riguroso estudio, que aporta necesarios datos acerca de una manera de actuar en el deporte por parte de la población, que requiere más atención de la que se viene prestando, entre otras posibles razones por no ser un servicio público como tal entendido; pero sí lo es, sí debe ser, el poner los medios necesarios para que pueda desarrollarse en forma apropiada, ante la realidad de su consumo masivo por la población y, como consecuencia y por lo tanto, potencialmente demandada.

CAPÍTULO 1
El fenómeno de la actividad física por cuenta propia en España

CONTENIDO

1. El fenómeno social y su identificación

Entender los diferentes procesos de transformación o adaptación dentro del ámbito social y, cómo estos evolucionan según sus variables, ha sido uno de los principales objetivos de la Sociología, pretendiendo con ello adquirir un posicionamiento preferente basado en la anticipación de los procesos de cambio en una sociedad. Esta perspectiva se ve acrecentada si tomamos como referencia los cambios conductuales de los individuos y cómo su contexto próximo se adecúa a sus necesidades.

Los fenómenos sociales pueden vincularse a necesidades o demandas que afloran sobre posibles paradigmas de progreso, todo ello acompañado de una evolución de hábitos que afectan a lo cotidiano, o de tendencias de opinión, bien sean dentro del propio ámbito social o, de forma más acentuada, en el ámbito político. Esto es debido a la confrontación de ideales que buscan un posicionamiento de certeza y confirmación de modelos de conducta, de gestión o de estudio de casos que sean mejor valorados por la sociedad, haciendo valer sus postulados como los ideales según el momento y situación. En este sentido, las crisis de cualquier tipo que afectan a la sociedad (económicas, sanitarias, políticas o de identidad), aportan un movimiento vinculado de modificación de hábitos, conductas o creencias que suelen perpetuar costumbres que tienen relación directa con los fenómenos sociales. La reciente crisis asociada a la COVID-19 tiene su máxima representación empírica de estos cambios asociados a fenómenos sociales. La adaptación de la sociedad a unas normas legalmente establecidas por los gobiernos de todos los países, ha generado varios fenómenos de carácter social que hoy en día perduran y prometen continuar sobreviviendo en las próximas décadas. Los llamados "negacionistas" son el fiel reflejo de quienes, ante un problema global y mundial, optan por generar una tendencia basada en círculos de opinión dispar que aportan incertidumbre y consiguen marcar una pauta entre los que no aceptan la adaptación a estos nuevos parámetros de convivencia.

Pero el fenómeno social en sí, debe acreditarse sobre la base de una serie de caracteres que lo atestigüen y lo remarquen en una mayor o menor tendencia según su presencia y perdurabilidad. La Sociología ya expone en sus diferentes postulados cómo debemos identificar un fenómeno social y su desarrollo. Así, plantea que el lugar de aparición, desarrollo, potenciación y muerte de un fenómeno social es la sociedad humana, debiendo manifestarse mediante exposiciones de evidencias (manifestaciones visibles o tendencias de opinión refrendadas en procesos de sufragio universal), en formato reaccionario (revelaciones contra modelos organizativos o de gestión) o en la aparición de ideologías alternativas no desarrolladas específicamente (el caso de Podemos como organización política). Todas estas manifestaciones de fenómenos sociales pueden tener un análisis de mayor profusión y un impacto mediático posterior de mayor calado si su aparición y posterior desarrollo, se basa en evidencias de alto impacto.

Las evidencias de un fenómeno social de alto impacto suelen basarse en estrategias sociopolíticas o sociorganizativas que buscan sorprender al individuo con acciones de gran calado o de gran repercusión social. Existen infinidad de ejemplos para entender este apartado, pero quizás en lo más reciente, encontremos su comprensión más simple. Las recientes manifestaciones en Irán derivadas del fallecimiento de una mujer detenida por negarse a llevar el velo islámico, han producido un fenómeno socio-político sin precedentes en la República islámica. La sociedad ha reaccionado de forma imperativa contra el régimen político existente, siendo el detonante una acción de alto impacto social (fallecimiento de una ciudadana en manos de las Fuerzas de seguridad del Gobierno Iraní), cuyo fenómeno social asociado ha logrado el desmantelamiento de la denominada en ese país de oriente próximo, "Policía de la moral". No cabe duda que la aparición de este fenómeno social ha sido posible gracias a una acción de alto impacto y trascendencia social, sin la cual, la organización sociopolítica no habría determinado cambio alguno en su modelo organizativo.

Por tanto, son las modificaciones de la conducta las que terminan por asentar y consolidar un fenómeno social, siendo claramente una conducta de carácter consciente y motivada. Este fenómeno variará en un sector, más o menos amplio del espectro social, la denominada "conducta consciente". Como tal, la conducta consciente posee un valor añadido a la potencialidad de desarrollo de una sociedad, principalmente cuando se trata de modificaciones de conducta que generen mejoras en lo cotidiano. Así, una modificación de conducta derivada de un fenómeno social vinculado a la política, solo creará una tendencia positiva entre los acólitos a una ideología concreta. Por el contrario, una modificación de la conducta social vinculada a un fenómeno social dentro del ámbito de la salud, generará un interés general cuasi-global entre la ciudadanía y sus agentes.

Es común entre la sociedad, denominar fenómeno social a una tendencia generada por un grupo concreto de opinión para validar las decisiones o acciones que puedan promover. En ningún caso puede ser considerado así, ya que un cambio de tendencia dentro de un colectivo no cumple con las características de un fenómeno social, ya que se produce en un grupo cerrado y limitado en su desarrollo por normas (impuestas o no) que no permiten su adaptación a la generalidad de la sociedad. Con cierta asiduidad asistimos al bautizo de supuestos fenómenos sociales provocados por grupos de opinión, organizaciones empresariales o colectivos que buscan una repercusión mayor de sus acciones, productos o postulados con un interés encubierto final. Nunca podremos determinar estas acciones como fenómeno social, ya que estaríamos incumpliendo con la categorización y taxonomía del fenómeno social desde sus inicios.

Por otra parte, cabe destacar la gran complejidad de análisis que conlleva el estudio y catalogación de un fenómeno social en sí. Esto se debe a la percepción de índole subjetiva y relativa de los mismos. Es aquí donde gana enteros la demostración mediante métodos validados de cualquier variable e indicador asociado a estos estudios, ya que la investigación y constatación de los fenómenos sociales se enmarca dentro del análisis de tendencias y sus diferentes representaciones. Por ello, las manifestaciones de fenómenos sociales en todo lo relativo al pensamiento o la política, suelen encallar en su desarrollo ante las evidencias de un pasado no halagüeño, o ante la visión cerrada y unilateral de sus postulados. Por el contrario, los fenómenos sociales de conducta, donde las evidencias son visibles y pueden cuantificarse, aportan credibilidad al análisis de los mismos, ya que lejos de ideologías, son manifestaciones veraces, contrastadas y evidenciables. Esto facilita su estudio y teorización como movimiento o tendencia, ya que es una muestra apreciable por toda la ciudadanía en su contexto comunitario de la cotidianidad, o global, gracias a los medios de comunicación actuales.

Sin lugar a dudas, toma especial relevancia el término "comunidad" para entender el alcance de un fenómeno social como muestra de un cambio efectivo. Nuestra sociedad suele tender a modificar sus conductas, hábitos y reacciones según el alcance que posea, generalmente asociado a su visibilidad y arraigo. Valgan como ejemplo todas las manifestaciones culturales etnográficas vinculadas a las tradiciones de una comunidad en concreto. Toda la comunidad se identifica y respeta sus tradiciones, variando su "modus vivendi" habitual del día a día, por celebrar y ensalzar sus tradiciones. Se trata de un fenómeno social consolidado por la tradición, el respeto y el sentido de identidad de una comunidad. Mientras más mayoritaria es la representación, mayor sentido de la pertenencia se insertará en la sociedad, ya que se manifiesta partícipe y generadora de unidad. También podemos referenciar fenómenos sociales que no se encuentran vinculados a la colectividad de por sí, sino que logran una identificación de parámetros de interés general cuando son realizados de forma individual, pero el fin es colectivo. En este libro hemos querido analizar este último caso que, siendo una muestra empírica individual en su representación, demuestra una concienciación colectiva de nuestra sociedad. La búsqueda continuada de la mejora de la salud a través del desarrollo de hábitos de vida que mejoren nuestra condición física y el funcionamiento integral de nuestro organismo a través de la práctica habitual de actividad física, se percibe como una exposición del compromiso creciente de la sociedad en mejorar su estatus y calidad de vida, y todo ello supervisable y perceptible desde cualquier estrato social. Es esa característica la que convierte un fenómeno social en un fenómeno de interés comunitario, ya que persigue un interés particular en la mejora de la salud del individuo, y mejora parámetros de salud comunitaria en su globalidad.

Por último, alcanzaremos un estatus socialmente aceptado y globalizado si las manifestaciones del fenómeno social producido, son transformadas por normas (implícitas y formales) en la sociedad. Estaríamos ante la evolución en su último grado del fenómeno social, donde pasa de ser una manifestación espontánea y surgida de la tendencia creciente de un movimiento, a una norma social aceptada, pudiendo llegar a ser institucionalizada con carácter normativo-legal.

1.1. Características comunes a los fenómenos sociales

Todos los fenómenos sociales poseen unas características comunes que los identifican y detallan en su proceso de aparición, desarrollo, consolidación o muerte. Hemos organizado como principios, aquellas características que hacen confluir un movimiento en fenómeno social.

1. **Principio de relatividad:** cualquier fenómeno social que se precie está especialmente asociado a un espacio y tiempo concretos. Esa relatividad contextual y temporal hace que muchos de los fenómenos sociales ya desaparecidos, no puedan ser comprendidos o aceptados por las sociedades antecesoras o predecesoras. Un fenómeno social vinculado a cambios sociopolíticos como ocurrió en la denominada "primavera árabe", solo es comprensible por la sociedad

que vivía en esa localización y en ese período temporal en el que ocurrieron los hechos. Podría darse el caso de la aparición de otros movimientos similares que guarden características comunes a aquellas manifestaciones sociales de exigencia de derechos y modificación de normas sociales, pero ya quedarían descontextualizadas al fenómeno social en sí.

2. **Principio de exterioridad:** el individuo es una entidad externa al fenómeno social en sí, siendo además evidente que nacemos en una sociedad jerarquizada y estandarizada que nos impone un modelo de vida y hábitos de conducta. El fenómeno social sobrepasa al individuo y su independencia, ya que pasamos a ser influenciados por él, no por nuestras propias creencias o acciones. Esta característica es, sin lugar a dudas, limitante en su exposición y aborta posibles evoluciones del fenómeno por culpa del contexto en el que se produce. Sirva como ejemplo la denominada "movida madrileña de los 80", la cual sería imposible exportar a regímenes islamistas dadas sus peculiaridades y formas diversas de manifestación en la sociedad.

3. **Principio de coherencia e imperatividad:** a propósito de lo anterior, los fenómenos sociales no nos son impuestos, ya que aparecen y evolucionan al amparo de las tendencias marcadas por el denominado juego de expectativas, donde unos buscan cambios radicales en los estamentos o tendencias organizativas, y otros buscan mejoras en lo cotidiano. La coherencia viene impuesta en forma de normas estandarizadas, las cuales no podemos sobrepasar, ya que son reglas que buscan equidad e igualdad social, todo ello dentro de sistemas democráticos. La aparición de determinados fenómenos sociales en sistemas no democráticos siempre ha estado vinculada a la necesidad de la sociedad de evolucionar hacia sistemas políticos basados en las libertades.

4. **Principio de relacionalidad:** todo fenómeno social posee una relación directa con una conducta. La apatía, la discrepancia o la movilización social como medida de presión para obtener derechos que mejoren nuestro estatus social son la base argumental de cualquier fenómeno social que pretenda ser admitido y asimilado. Las formas de manifestación diferirán de su fin, siendo común la reivindicación en busca de mejoras sociales, o la manifestación de un cambio de tendencia en hábitos cotidianos que busquen adecuar nuestro modo de vida, a mejoras en términos personales (económicas, sociales, de salud o de calidad de vida).

5. **Principio de previsibilidad (relativa):** existen fenómenos sociales como los que aborda esta publicación que tienen un eminente carácter externo a los individuos. La percepción de necesidad por realizar actividad física y los reconocidos beneficios para la salud que aporta, son un objetivo pendiente en muchos ciudadanos que,

al observar cómo otros iguales lo realizan, genera ansiedad y necesidad de cubrir ese vacío personal. ¿Cuándo se ejecuta este último paso o proceso?, pues cuando se dan las circunstancias y se genera la rutina, pudiendo ser impuesta (por motivos de salud preferentemente) o por iniciativa basada en la novedad (quiero pertenecer a ese grupo de iguales que disfrutan de ese tiempo personal para cuidarse integralmente).

6. **Principio de totalidad:** uno de los principales inconvenientes para lograr el desarrollo de la investigación que acompaña a esta publicación es este principio. Se trata de un fenómeno global e indivisible. Es imposible determinar variables cerradas a una dimensión equitativa que nos aporten información con verdaderas garantías de credibilidad si sesgamos los indicadores. Por ello se abordó, desde la generalidad, este fenómeno, detallando por estratos de edad y género, cómo evolucionan o se muestran los indicadores. Solo así pudimos determinar con claridad unos valores creíbles y contrastables.

2. La investigación social como base del análisis

Para cualquier investigador del área de Ciencias sociales, es preciso concretar un proyecto de desarrollo de un trabajo de campo y análisis veraz, que permita justificar científicamente nuestras hipótesis y postulados. Pérez y Moreno (2018) especifican en relación con la investigación cualitativa, que es necesario indagar en los problemas sociales con mayor profundidad, buscando interpretar la realidad de un hecho o acontecimiento desde su propio contexto y desde la perspectiva de aquellas personas que estén involucradas en el mismo, con el objeto principal de darle sentido. Nuestra investigación ha buscado identificar y reconocer una realidad ya contrastada gracias a los datos de la estadística estatal, todo ello mediante un análisis del fenómeno que supone el aumento considerable, en la última década, de la práctica de actividad física por cuenta propia.

Por tanto, nos resulta certera en su concepción, la idea de promover una investigación concisa y centrada en los agentes que interactúan en todo el proceso, como método para determinar la potencialidad del fenómeno y su justificación. En nuestro caso y, dada la variabilidad de localizaciones donde puedan darse las manifestaciones del fenómeno, se diseñó una intervención atemporal y deslocalizada. La atemporalidad fue debida a la representatividad de la manifestación, donde los individuos asisten sin horario establecido y, en ocasiones, sin días prefijados. Este hecho dificulta la toma de datos, requiriendo previamente de un análisis del volumen de participación para adecuar la observación y encuesta a los períodos de participación mayoritarios. La deslocalización viene referida a las variopintas localizaciones en las que esta manifestación puede producirse, siendo conocedores de la dificultad evidente de tener una muestra completa, lo cual aportaría una mayor verificabilidad, pero asegurándonos de la mayoritaria repercusión de la muestra de localizaciones seleccionadas, incluyendo al menos una localización por tipología de localidad incluida en el estudio.

Es importante reseñar que la toma de datos mediante instrumentos validados en el exterior y con una muestra abierta que no se define previamente, posee unos riesgos de verificabilidad aparentes, aunque desde nuestro punto de vista, se trata de una oportunidad para ampliar el espectro del fenómeno y abordarlo con una mayor independencia en cuanto a validez de los resultados obtenidos. Nada estaba prediseñado, pero éramos conocedores de que estaba y poseía potencial. A todo ello, añadimos la necesidad de contrastar la práctica de actividad física frecuente con la posesión de algún instrumento de medida tecnológico, los cuales suelen tener unos costes elevados y solo son empleados por aquellos usuarios que quieren obtener una información concisa de su rendimiento deportivo. Este indicador, a pesar de no estar íntimamente ligado al objeto del estudio, sí nos aportó una veracidad al contexto de análisis, ya que los usuarios que poseían estos medios de control de su actividad, eran una amplia mayoría de la muestra.

La investigación social de un fenómeno como el que hemos analizado, nos ayuda a focalizar los esfuerzos en cómo proceder en el estudio de estas manifestaciones de la sociedad, generadas por la necesidad de la mejora de parámetros de salud y bienestar, pero cuya organización no está reglada. ¿Es un servicio público como tal?, la respuesta es no, ya que sí existen servicios deportivos que poseen una organización y estructura pública en su gestión, que además suelen desarrollarse en infraestructuras públicas específicas, tales como piscinas, pabellones o salas polivalentes. En nuestro caso, la casuística es muy particular, ya que se trata de zonas no destinadas específicamente a la práctica deportiva, pero que acogen un amplio espectro de usuarios, los cuales hacen un uso secundario al fin concreto de estas instalaciones (parques, plazas, avenidas), que por su volumen, pasa a ser determinado como fin principal. La no linealidad conocida en el campo de las ciencias sociales y su estudio, tiene en este tipo de trabajos su máxima expresión, ya que no poseemos una organización de los agentes ni de los propios elementos finales del estudio, pero sí logramos identificar el fondo del fenómeno en sí. Sin duda, esta puede ser una de las motivaciones fundamentales que pudieran ser abordadas en otro estudio y que nos pueden ubicar en una realidad de cambio social y de percepción de los espacios públicos como lugares polivalentes y de usos diversos, respaldando por tanto de forma efectiva, la productividad de los espacios públicos sobre esta base de una polivalencia y valor público añadido.

2.1. La medición de un fenómeno social

López-Roldán y Fachelli (2016) nos acercan a la realidad de un fenómeno social y cómo se representa, aseverando que *"desde el momento en que el fenómeno se manifiesta, implica que este es aprehensible y observable empíricamente y, por tanto, puede someterse a observación científica mediante algún procedimiento y ser contrastado con algún esquema teórico que lo explique o describa"*. Los datos derivados de las últimas encuestas de hábitos deportivos estatales, nos aportaban un aumento del fenómeno que nos ataña en valores mucho más elevados que cualquier manifestación relacionada con la actividad físico-deportiva desde que se vienen abordando estos estudios técnicos oficiales. Es en ese momento donde decidimos analizar el fenómeno, ya que existe una primera representación del mismo de forma visible, pero en este caso además se encontraba avalada por los datos de un organismo oficial. Los autores anteriormente citados establecían una caracterización del fenómeno que, una vez descritas sus evidencias, nos quedaba plantear un proceso de gestión del procedimiento que nos aportase verificabilidad.

Un fenómeno como el que presentamos expone una realidad basada eminentemente en los ciudadanos. Cómo el ciudadano utiliza los espacios públicos para conseguir un fin: la mejora de su salud, la socialización o el intercambio directo o indirecto de información con sus iguales. Por ello, *los modelos basados en agentes pueden ser utilizados por distintos campos de conocimiento para analizar diferentes fenómenos, de manera que se puede favorecer así la colaboración* (García-Valdecasas y López, 2017). El detalle informativo de las características de cada individuo, su cadencia en la participación o las modalidades de uso, pasaban a ser variables elementales para lograr identificar quiénes estaban detrás de ese aumento desmesurado que habilite la aparición del fenómeno. Para estos autores, son estos modelos, los que se basan en el análisis de los agentes sociales que los implementan y desarrollan, los más adecuados para interiorizar y conocer los fenómenos sociales en toda su amplitud, concretando los mismos que, en ocasiones, pueden aportarnos información multidisciplinar de gran utilidad científica.

Pero, ¿cómo entender este fenómeno social respetando las diferentes apreciaciones que puedan producirse derivadas de esa diversidad? Valera (2001), ya adelantaba que *"los fenómenos sociales tienen características exclusivas por las cuales la comprensión subjetiva del significado de las acciones sociales, es la alternativa válida"*. Esa subjetividad no puede confrontarse con la intención clara de este autor en determinar objetivamente los valores asociados a cada indicador vinculado al estudio. Por este motivo se optó por indicadores cuantitativos que expusiesen un espectro de resultados cerrados, sin dar ninguna posibilidad a la subjetividad. Se decidió suprimir toda subjetividad relacionada con el fenómeno, no incluyendo variables que podrían ser fácilmente asociables al estudio, como la motivación, debido a la imposibilidad de aplicar de forma coordinada con las demás variables, la inclusión de otra variable no cuantitativa. Incluir una variable cualitativa, dada su densidad y necesidad de contraste en herramientas como el cuestionario o la entrevista, hubiese significado crear incomodidad en la muestra. ¿A qué hubiese sido achacable dicha incomodidad?, muy sencillo: nuestra organización de la toma de datos en el trabajo de campo poseía una premisa fundamental: no importunar más de 30-40 segundos al entrevistado, ya que de otra forma, debía realizar un parón considerable en su dinámica de entrenamiento, generando antipatía por nuestra parte. La inclusión de una variable cualitativa hubiese ampliado la duración de dicho acto, lo cual hubiese desvirtuado la toma de datos y la fiabilidad de los mismos.

Sin lugar a dudas, obtener resultados cerrados que nos aporten certeza, consideramos que mejorar la credibilidad del trabajo y ajustan a determinar modelos de desarrollo de un fenómeno social tal y como se gesta, desarrolla y potencia. Podemos intuir que, dentro de la fenomenología de la realidad analizada, puedan producirse alteraciones de carácter sustancial dentro de determinados indicadores, pero la base de nuestro análisis y su desarrollo empírico, consideramos que aporta claridad y concreción para poder abordar estudios posteriores con la garantía necesaria de una realidad cotejada.

3. Impacto de las relaciones sociales sobre el individuo

Hemos decidido incluir una especial referencia a la denominada "teoría del conflicto" para poder entender el fin último de la investigación realizada, específicamente en todo lo referido a las relaciones sociales que se producen en estos contextos públicos y abiertos. Para la teoría del conflicto, una de las claves es, precisamente, el impacto sobre el individuo de las relaciones sociales: son un punto de encuentro entre los diversos intereses, poder… (UNIR, 2021). Esta teoría se sostiene en el campo que nos compete en esta publicación, dada la voluntaria relación social entre los participantes y su desarrollo como medio de comunicación, de carácter estable y seguro. Los usuarios de los lugares donde se realiza actividad física con asiduidad, comparten el espacio sin ajustar sus intenciones ni programar su acción. Utilizan el medio a demanda, sin contratos y con una finalidad clara: la mejora de la salud. Por ello, quienes interactúan en estos espacios comparten un mismo fin, con la característica fundamental de la libertad de acción y uso. Esto facilita unas relaciones sociales abiertas, garantistas y seguras.

Durkheim, citado por Villegas (2001), establece que cuando se procede a explicar un fenómeno social, se hace necesario investigar por separado la causa eficiente que lo produce y la función que cumple. Y en relación con esta última, sostiene que la función debe buscarse siempre en relación con cierto fin social, ya que de acuerdo con él, en la investigación social, la sociedad está por encima del individuo o de la realidad psíquica individual. Asimismo, la causa de un fenómeno social debe indagarse en la constitución de su medio interno social. Esta causa nos ayuda a focalizar nuestros esfuerzos indagatorios en determinar cómo ese medio social puede afrontarse como lugar favorecedor de la mejora de las relaciones sociales. Tras la pandemia de la COVID-19, comenzaron a establecerse valores en la sociedad nada potenciados años atrás. Así, la sensación de libertad y el desarrollo de actividades seguras ha pasado a tener un valor especialmente añadido a las relaciones sociales, donde se ha generado una sensación artificial de inseguridad para nuestra salud colectiva y personal, además de la consabida libertad personal aflorada tras los diferentes períodos de confinamiento, ya fuese social y colectivo, como el personal, derivado del paso de la enfermedad. Los espacios abiertos han ganado un valor potencial antes no conocido, cambiando su perspectiva de uso, disfrute o tagoror[2] de comunicación.

Cabe reseñar que la toma de datos de la muestra de esta publicación se desarrolló previamente a la pandemia COVID-19, lo que nos hace predecir que nos encontramos ante unos resultados que podríamos definir "de mínimos" o de base con respecto a los posibles valores totales que podríamos encontrar en la actualidad. Esto nos invita a generar un estudio longitudinal trasladado al año 2023, donde podamos refrendar los resultados que exponemos en esta publicación, y conocer el verdadero impacto de la tendencia al alza derivada de la COVID-19.

4. Motivaciones de la sociedad en favor de la práctica deportiva

Gracias a la publicación de carácter lustral que ofrece desde hace décadas el Gobierno de España en relación con los hábitos deportivos o de práctica de actividad física, podemos establecer cuáles son las motivaciones de la población para decantarse por la posibilidad de realizar actividad física por cuenta propia, en detrimento de otras modalidades más tradicionales como son el deporte federado o la actividad física periódica en centros deportivos en base a una oferta estandarizada.

Hemos tomado como referencia las dos últimas publicaciones de la Encuesta de Hábitos Deportivos (EHD en lo sucesivo) relativas a los años 2015 y 2020, además de los datos del Anuario de estadísticas deportivas, publicación de rango estatal, del pasado año 2022. En estas publicaciones ya se aporta una relevancia a nuestro fenómeno de análisis, la práctica de actividad física por cuenta propia, ya que se ha decidido incluir un apartado específico dentro de la magnitud de la encuesta, todo ello debido a la transcendencia del mismo.

---

(2) Tagoror: lugar de encuentro social y punto de reunión de la población guanche en Canarias.

4.1. Principales motivaciones de la sociedad para seleccionar esta modalidad

De la revisión de los datos oficiales que se nos aportan, cabe destacar que las motivaciones no han variado en los últimos ocho años, siendo una referencia evidente el espectro general de la salud como motivación.

Es una evidencia que la práctica de actividad física conlleva, en todos los casos, una motivación intrínseca vinculada a nuestra salud. De la revisión de las motivaciones, aparecen varias referencias directas o indirectas a este hecho, pudiendo determinarlas como relacionales y tendentes a un solo objetivo común.

a. Motivaciones directas relacionadas con la salud

Un elevado porcentaje de los usuarios de esta modalidad admiten que su motivación fundamental es la salud, en cualquiera de sus derivaciones. En este caso, podemos diseccionar varios perfiles a tenor de los datos que se exponen en la EHD, los cuales atenderían a lo siguiente:

- *Usuario de edad avanzada*

  Donde la práctica de actividad física viene condicionada por la prescripción médica mayoritariamente en los varones, o en relación con enfermedades muy presentes en la sociedad actuales como la Diabetes Mellitus Tipo II.

- *Usuario adulto*

  Donde la práctica de actividad física se relaciona con mantener una condición física saludable en el parámetro relacionado con la resistencia como capacidad física básica.

b. Motivaciones indirectas relacionadas con la salud

Por otra parte, existe un porcentaje relevante de usuarios que reconocen que su dedicación para con la práctica de actividad física está relacionado con la búsqueda de una imagen corporal más sana y adaptada a los morfotipos de salud preestablecidos. Esta manifestación podríamos vincularla con la mejora de la salud dentro del ámbito mental de la misma, ya que la mejora está íntimamente relacionada con el bienestar mental y emocional. Dentro de este gran grupo de usuarios, predominan los adultos, englobando desde los más jóvenes hasta los adultos más cercanos a los 60 años. Dentro de este epígrafe, podemos incluir a aquellos usuarios que manifiestan que la motivación de su práctica posee un vínculo directo con la desconexión de lo cotidiano, principalmente relacionado con el mundo laboral.

Figura 1. Tendencias relacionadas a las motivaciones para la práctica de actividad física
por cuenta propia en una serie de ocho (8) años

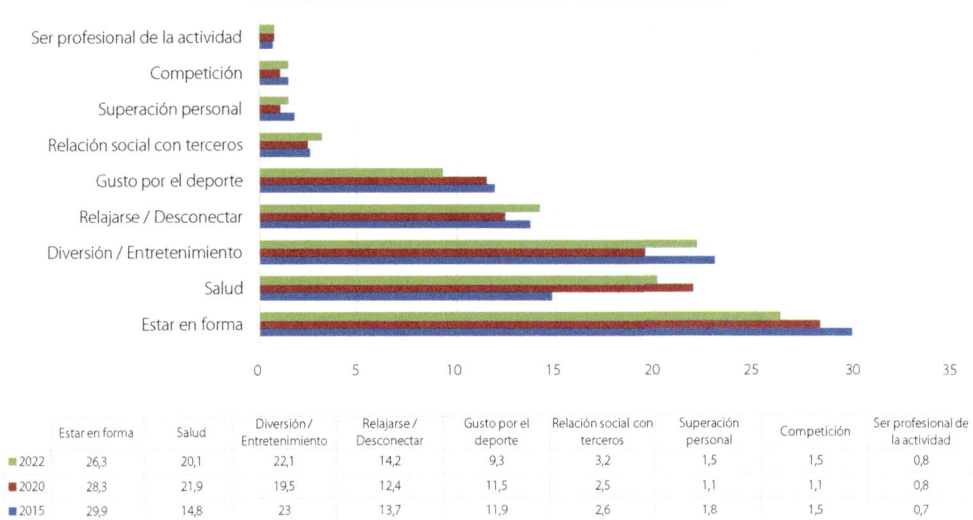

Tendencias relacionadas a las motivaciones

	Estar en forma	Salud	Diversión / Entretenimiento	Relajarse / Desconectar	Gusto por el deporte	Relación social con terceros	Superación personal	Competición	Ser profesional de la actividad
2022	26,3	20,1	22,1	14,2	9,3	3,2	1,5	1,5	0,8
2020	28,3	21,9	19,5	12,4	11,5	2,5	1,1	1,1	0,8
2015	29,9	14,8	23	13,7	11,9	2,6	1,8	1,5	0,7

A tenor de los resultados de la serie que acabamos de exponer, debemos realizar una consideración relevante que puede condicionar claramente los mismos, ya que este período temporal incluye la pandemia COVID-19, cuya máxima afectación se produjo en los primeros 6 meses del año 2020. Por tanto, es justificable la evolución puntual y posterior corrección de algunos de los epígrafes relacionados a las motivaciones y su tendencia, como pueden ser propiamente el motivo de salud, donde existió un repunte identificable en el año 2020, pasando de un 14,8 en el año 2015, a un 21,9 en el año 2020. Por su parte, el epígrafe motivacional relacionado con la percepción del estado de forma, manifiesta una tendencia a la baja en los últimos años, perdiendo un total de 3,6 puntos en esta serie analizada. Este descenso coincide en una comparativa de valor con la reducción del motivo denominado "gusto por el deporte", el cual también presenta un descenso de más de 2 puntos sobre un 11,9 (más de un 20 % menos). Por el contrario, los dos indicadores del estudio que detalla la EHD relacionados con el aspecto psicológico tipificados como "Diversión y entretenimiento" y "Relación social con terceros", suben exponencialmente y ganan importancia en la tendencia de análisis del fenómeno, lo que nos ubica en una realidad de estudio donde el componente social aumenta su importancia para aquellos que realizan actividad física por cuenta propia. Esto nos debe conducir hacia una planificación de los espacios más adecuada a la realidad del usuario, aspecto que detallaremos en el apartado final de esta publicación.

5. La sociedad saludable

La percepción anclada en la sociedad acerca de la importancia que posee la salud y el mantenimiento de unos hábitos de vida saludables con carácter continuado, ha multiplicado exponencialmente el interés de la ciudadanía en conocer las alternativas más accesibles, factibles y viables a sus intereses, incluyendo la conciliación de la vida familiar y personal. Actualmente la salud y la calidad de vida ocupan un lugar preferente en nuestra sociedad, podemos decir que la sociedad del siglo XXI se encuentra "salutizada" dado que la salud es un derecho, un valor, una aspiración, un recurso, una necesidad y una demanda social que está en el centro de las decisiones en la práctica totalidad de ámbitos públicos y privados (Palomino et al., 2014).

Para Acevedo (2006), el concepto de "Sociedad saludable", se diferencia del campo biomédico y de sus expectativas de medición y predictibilidad, lo cual genera un concepto fácil de entender desde el sentido común, pero difícil de definir e imposible de ser calculado exactamente. Esta imposibilidad no implica renunciar a investigar y favorecer los factores de crecimiento solidario, ya que estos siempre funcionarán como factores propiciatorios. Uno de los principales motivos de la categorización y profundización de esta investigación que presentamos se ha basado en aportar información más concisa del fenómeno que supone la práctica de actividad física por cuenta propia en espacios públicos. Se trata de un problema añadido a las concreciones del concepto "sociedad saludable" por parte de muchos autores que no encuentran una fundamentación efectiva a la ratificación del hecho. Es evidente que no lograremos maximizar el fenómeno como base científica sólida, pero sí lograremos focalizar una de las más crecientes manifestaciones del mismo.

Manonelles et al. (2015) nos recordaban que las premisas fundamentales que deben regir el concepto de práctica de actividad física como acto promotor de salud, se deben basar en que su principio vital la ubica como recomendable y beneficiosa. Por ello, desde todos los estamentos de la sociedad, se anima a cualquier persona a buscar una actividad deportiva que satisfaga sus gustos y necesidades y que la realice regular e ininterrumpidamente. Estas características deben centrar nuestro discurso, ya que la práctica ininterrumpida y habitual es precisamente la condición para que los efectos positivos y duraderos de la práctica, sean productivos para el organismo. La práctica interrumpida, no frecuente y aislada, puede ser un caldo de cultivo de lesiones osteoarticulares, musculares o limitantes para nuestro cuerpo, todo ello debido a la exposición puntual del organismo a esfuerzos no entrenados ni acondicionados convenientemente. Por todo ello, resulta determinante explicar y exponerle a terceros la compleja maraña de causas y efectos en los determinantes de la salud, ya que interactúan entre sí de manera compleja y los resultados en términos de salud son una acción combinada de los mismos (Palomino et al., 2014). Se trata de una exposición y experimentación cognitiva de primer orden, ya que nuestro organismo responde a los estímulos y se adapta progresivamente al rendimiento que, por nuestra condición física, podamos ir generando. Explicar por tanto las relaciones entre los procesos que se producen, su representatividad, duración y sensaciones percibidas, se antoja complejo, pero se convierte en un objetivo fundamental para evitar que el abandono aparezca y melle la progresión del individuo.

Las diferentes encuestas de hábitos deportivos han ido incorporando indicadores de salud y motivaciones entre sus ítems que nos han permitido conocer mejor la evolución del fenómeno y sus diferentes progresos a lo largo de la última década. En el año 2010, los indicadores de referencia de estos estudios giraban en torno a ítems como la participación, el tipo de participación según su institucionalización o la tipología del servicio y su localización en entidades públicas, privadas o federadas. En este sentido, se ha evolucionado en la parametrización de las variables en cuanto su objeto pasa a perseguir valores de ámbito más sociológico, en detrimento de los tradicionales valores de ámbito participativo, donde se intenta justificar el porqué de las prácticas y su presencia en la sociedad. Consideramos un gran acierto esta nueva tendencia, ya que lejos de perder interés por la práctica meramente deportiva, se busca una justificación que redunde en beneficios para nuestra actividad científica, existiendo un fondo relacionado con las tendencias promotoras de salud que tanto beneficio social producen y que tan presentes están en nuestros días por mor de las recientes pandemias y las epidemias silenciosas vinculadas a la inactividad física.

5.1. Hacia una sociedad más saludable

La Organización Mundial de la Salud en todas sus recientes publicaciones que guardan relación con este fenómeno, así como las recomendaciones de práctica de actividad física para la sociedad, alertan del aumento del ocio pasivo y la prevalencia de actividades sedentarias entre la población. Es en nuestro país donde estas evidencias se acentúan debido a la escasa cimentación de la "cultura física" como hábito que perdure y se instale en la sociedad.

Las corrientes precursoras de la actividad física para la salud han evolucionado notablemente en los últimos lustros, logrando alcanzar valores de participación nunca antes recogidos por las estadísticas estatales. Así, el Anuario de estadísticas relacionadas con el deporte y la actividad física, editado por el Instituto Nacional de Estadística, nos ofrece datos realmente reveladores. La evolución de estos datos nos conduce a un panorama que, en el año 2010, nos ofrecía un dato cerrado en cuanto a participación de la ciudadanía en la práctica de actividad físico-deportiva: 40,0 %, siendo la frecuencia semanal preponderante de tres días por semana de práctica (55,8 %). La evolución de estos datos en el año 2015 fue notable, ya que la participación predominante ha ascendido hasta los 46,2 % de la población, un 6,2 % más en un lustro, manteniéndose valores similares a la cadencia semanal de práctica.

Mención aparte y especial merecen los datos aportados por la Encuesta de Hábitos Deportivos del año 2020, la cual en el Anuario de Estadísticas deportivas nos expone que la cifra valor de participación creció 6,1 puntos porcentuales respecto al año 2015, situándose en el 59,6 %, casi un 20 % más de participación que solo 10 años antes. Este hecho es suficientemente justificativo para poder reseñar la importancia del estudio que incluye esta publicación, ya que no existe ningún parámetro de los analizados por la encuesta nacional que tenga el potencial de crecimiento a diez años cercano al 20 %. Por tanto, es evidente y contrastado que nos encontramos ante un fenómeno social que gana adeptos y se manifiesta como una tendencia justificada de análisis y estudio longitudinal.

Por su parte y, dentro de las publicaciones más recientes del Ministerio sobre la base de la Encuesta de Hábitos Deportivos, para el 2022 se produjo un descenso en la frecuencia hasta un valor global del 57,3 %. Este descenso del 2,3 % con respecto al año 2020, año post-COVID-19, nos ubica en una realidad más certera y sin alteraciones relacionadas con cualquier pandemia externa que, en nuestro caso, tuvo una alta incidencia en el aumento de la participación en actividades físico-deportivas por cuenta ajena. Por el contrario, si tomamos como valor de referencia los datos aportados por la última Encuesta de Hábitos Deportivos previa a la pandemia COVID-19 (2015), los valores globales nos exponen un aumento porcentual del 11,1 %, un dato muy relevante e importante de la evolución del fenómeno como tal.

Los esfuerzos mediáticos en promover un acceso más fluido a la información acerca de los beneficios para la salud que posee la práctica habitual de actividad física, parecen haber surtido su efecto, ya que los valores se han disparado y la sociedad se encuentra cada vez más concienciada. Del mismo modo, es muy pertinente una educación para el movimiento, que ayude a superar el sedentarismo y refuerce un estilo de vida activo de las personas, buscando para ello superar la práctica solo centrada en los deportes clásicos (Sime-Poma, 2011). Por ello, hacer deporte es una actividad de ocio para muchos, no plasmándose en la realidad práctica, a pesar de los progresos de los últimos años, con los riesgos fisiológicos que ello conlleva, por lo que hay una imperiosa necesidad de educación de la población (Corrales, 2009). Ese acercamiento formativo, tan demandado por los autores y necesario a la vez, debe concentrar los esfuerzos de las Administraciones para lograr una parametrización de los datos que ayude a consolidarlo como modelo para todos. La carencia de información o la opacidad de la misma al respecto de este hecho comentado, no favorece la difusión del fenómeno y su propagación, entendiéndose necesaria la adopción de medidas a este respecto por el Estado. Campañas de difusión de los beneficios de la práctica habitual de actividad física, el crecimiento del fenómeno o su mejora a través de inversiones varias en la mejora de las infraestructuras que lo favorecen, deberían copar espacios informativos, ya que las muertes por el sedentarismo superan con creces las asociadas directamente a los accidentes de tráfico en España y toda Europa en la actualidad.

Las estrategias de conducción hacia una sociedad más saludable pasan por la cooperación institucional y la cooperación de los poderes del Estado. En este sentido, toman especial relevancia los poderes mediáticos, ya que se trata de un fenómeno social que precisa de relevancia y difusión para ser mayoritariamente aceptado entre los ciudadanos que no terminan de apuntarse a la tendencia. Son de reseñar y destacar por nuestra parte, propuestas mediáticas o informativas como las promovidas por dos importantes grupos de comunicación del país, PRISA y ATRESMEDIA, los cuales mediante sus productos informativos, han facilitado la difusión de importantes apuestas por la actividad física y la salud en nuestro país. Carreras populares o espacios digitales en redes sociales donde se facilita información detallada acerca de los beneficios de la práctica de actividad físico-deportiva, son aportaciones que merecen una mención particular, ya que promocionan de forma sobresaliente el fenómeno social desde una perspectiva cercana y abierta al público en general, no exclusivamente al público interesado.

6. La apuesta de las administraciones por este fenómeno en España

Resulta extremadamente complejo analizar el grado de compromiso social de las Administraciones públicas para con este fenómeno. Son innumerables los factores que condicionan este hecho, determinando en nuestro caso, únicamente aquellos parámetros que dependen de Ayuntamientos, Cabildos, Diputaciones o Gobiernos para su progreso. En el caso que nos ataña, las inversiones en espacios públicos para dotarlos de mayor calidad y confort para su disfrute por la ciudadanía han aumentado considerablemente en los últimos años, acto que ha favorecido la mejora de todos estos espacios públicos con carácter general. Del mismo modo, ha existido un compromiso por parte de las Administraciones públicas en dotar de equipamiento específico para la práctica de actividad física por cuenta propia a cada una de estas localizaciones, predominando los denominados parques biosaludables o el equipamiento para la práctica de la calistenia.

Son varios los ejemplos de compromiso de las Administraciones públicas con estos espacios, superando la inversión media por habitante de muchos otros servicios entendidos como más esenciales, lo que nos facilita comparativamente una asociación del grado de importancia que poseen para los gobernantes. Casos como la Comunidad de Madrid, que ha creado un mapa provincial de localizaciones donde poder realizar actividad física por cuenta propia, la inversión de la ciudad de Zamora de 7,37 euros por habitante durante el año 2022 en la dotación, mejora y mantenimiento de estos lugares públicos o el ejemplo detallado de Hita-Alonso y cols., (2019), donde aportan información relevante acerca de estos espacios en la ciudad de Granada. Para estos autores, la evolución mediática de estos espacios está fundamentada en la cercanía y accesibilidad que ofrecen estas localizaciones públicas, además de la potenciación relevante de estos lugares como áreas de socialización y punto de encuentro diario de la población. A este respecto, los autores anteriormente mencionados plantean una variante de especial relevancia que nos indica la importancia de estos espacios en la inversión pública aseverando que la ciudadanía ha diversificado las posibilidades de uso de estos espacios, y por tanto *se pueden distinguir tres modelos básicos: a) como escala dentro de una ruta de ejercicio físico, b) como destino principal, c) como capricho del momento, en tanto que se usan por la coincidencia del momento de la persona que pasa por allí*. En todos estos casos, predominan aquellos usuarios que realizan un uso consciente, periódico y temporalizado, y se identifican como ciudadanos cívicos que se preocupan por el uso consecuente de los equipamientos como bien público. Casualmente y de forma indirecta, este es uno de los objetivos preponderantes de las Administraciones públicas, lograr que los usuarios de sus servicios sean respetuosos y muestren empatía con el equipamiento, garantizando un uso más responsable y prolongado de las inversiones públicas, más cuando se trata de equipamiento presente en la vía pública, parques o zonas de paso, lo que dificulta enormemente su vigilancia. Para estos autores y, en base a su investigación detallada en su publicación del año 2019, se ha conseguido que los usuarios *censuren los actos incívicos de quienes realizan un uso inadecuado de estas instalaciones*, lo que nos ubica en un escenario positivo de concienciación para con los bienes públicos comunes.

El aumento en la preocupación por dotar a los espacios públicos de mejoras que demuestren una implicación de las Administraciones en el desarrollo de políticas activas de evolución hacia una sociedad más saludable, lo encontramos en trabajos técnicos publicados recientemente por el Ministerio de Sanidad como es la *Guía para planificar ciudades saludables* (2022). Se trata de un documento técnico de alto valor operativo para las administraciones debido a su profundidad de análisis y planteamiento constructivo de una realidad más exigente con la mejora de los espacios desde el origen de las propuestas. Gracias a este documento podemos enfatizar determinados aspectos que confluyen en el análisis de los espacios públicos como lugares para la práctica de actividad física, logrando con ello una unanimidad criterial y conceptual de análisis, lo que facilita abordar las estrategias desde un prisma global en la dimensión del caso, y específico en los detalles paramétricos. Cabe destacar en este documento las menciones referidas a los parques y espacios públicos abiertos como ejes de salud y cohesión social, determinándose como las dimensiones más relevantes del fenómeno que estamos describiendo en esta publicación. También se reseña como elemento esencial para la planificación urbana eficiente y productiva socialmente, la sostenibilidad y la reducida amortización de recursos públicos que estos espacios producen, todo ello en la relación inversión-costes del servicio. Es evidente que las inversiones en espacios públicos donde existe una polivalencia de uso y pretensión de logros en contextos como el social, de ocio, recreativo o enfocado a la salud, justifican que se planifique abiertamente y con carácter integrado, cualquier inversión dada su multiplicidad de beneficios y la gran apertura del espectro poblacional a la que va dirigida la misma, además de los evidentes beneficios para cada uno de ellos. A este respecto, en dicha publicación podemos destacar referencias claras como la que nos plantea cómo deben diseñarse los nuevos espacios públicos por parte de la Administración, reseñando que *"en este sentido, los espacios públicos con actividades variadas e intergeneracionales buscarán la creación de redes de personas activas, combinando las actividades presenciales con las virtuales, en base a intereses reales y comunes de la población, que se podrán conocer gracias a la participación ciudadana. Para ello, será necesario pensar en una estructura de plazas, plazuelas, pequeños equipamientos flexibles, estratégicamente distribuidos por la ciudad, con buena accesibilidad y con zonas verdes de proximidad"*. En relación con este apartado, la Guía del Ministerio nos plantea varios epígrafes de obligado cumplimiento para que los espacios públicos abiertos tengan éxito social, tales como:

1. **Cercanía**: exponiendo que no pueden ubicarse a una distancia superior a los 10 minutos andando desde el lugar de residencia del usuario.

2. **Accesibilidad:** ¿puede una persona de edad avanzada o con movilidad reducida acceder a estos espacios libremente, ya que carecen de límites de acceso, tales como escaleras o rampas con desniveles pronunciados?

3. **Actividades:** que exista una oferta diversa y adecuada a cada edad y sector de población en esa localización.

4. **Seguridad:** se trata de zonas seguras, inclusive en horario nocturno.

5. **Servicios:** preferentemente relacionado con la existencia de aseos en la zona.

Estas deberían ser las premisas de base en la planificación de estos espacios públicos, tanto los de nueva creación, como la complementación de los mismos por parte de las Administraciones en aquellos espacios que carecen de todas o alguna de estas características técnicas y de servicio.

Por otra parte, en esta publicación se exponen diferentes planteamientos para mejorar la tendencia creciente de generar espacios saludables que se unen a las teorías expuestas por autores precedentes al estudio, así como a los postulados que desde esta publicación pretendemos concretar. A este respecto, las ciudades caminan hacia una sostenibilidad que se centra en ofrecer servicios de cercanía que estén acompañados por servicios limpios y estéticamente confortables. La eliminación de arboleda y su sustitución por planta ornamental y suelos de loseta, produjo efectos en las últimas décadas que estamos padeciendo en la actualidad tales como el calentamiento de las superficies, la subida porcentual desmesurada de las temperaturas en los espacios públicos abiertos y la escasa participación de la ciudadanía debido a las malas condiciones climáticas para hacer uso de estos espacios. Se trata de una demanda evidente que se restituyan zonas arboladas en las ciudades que permitan la realización de actividad física saludable con garantías de salud en lo que a las condiciones climáticas se refiere, y este efecto positivo de climatización natural lo aporta la arboleda. Es en este documento oficial del Ministerio de Sanidad donde se detalla y establece una proximidad de una zona verde a los domicilios de 500 metros. Es evidente que queda mucho por hacer en este aspecto.

6.1. Evolución y transformación de los espacios públicos como lugares para la práctica de actividad física

Las áreas urbanas han evolucionado en las últimas décadas como lugares de apariencia afable, confortable y sociable. La comodidad y accesibilidad de los servicios públicos se ha convertido en una tendencia que genera modificaciones en la planimetría urbana, generando espacios donde la ciudadanía quiere permanecer y disfrutar, aumentando su sensación y percepción de comunidad.

Las vías públicas, los edificios públicos o las propias áreas de esparcimiento han modificado su morfología para adecuarse a las necesidades de todos los estamentos demográficos de nuestra sociedad. Los parques infantiles son ya parte necesaria de conciliación del tiempo de ocio de los más pequeños o las plazas ganan espacios abiertos para mejorar la dotación de metros cuadrados útiles y visibles para la celebración de eventos socioculturales. En el caso que nos ocupa, son varias las localizaciones que son susceptibles de acoger a ciudadanos que realizan su actividad física por cuenta propia en espacios abiertos. Podríamos establecer que cualquier localización es perfectamente válida para conseguir el propósito de satisfacer la necesidad de realizar actividad física como acto de mejora de salud integral de cada uno, pero es evidente que no todas las localizaciones son válidas para este fin, ya que los parámetros de seguridad de determinadas ubicaciones nos ponen en alerta y nos dirigen a la dicotomía que confronta seguridad y actividad física.

7. Seguridad ciudadana y actividad física

En este apartado pretendemos establecer una asociación entre práctica de actividad física por cuenta propia y seguridad ciudadana, no pretendiendo limitar o condicionar esta posibilidad a ninguno de nuestros lectores, pero sí consideramos necesario plantear una serie de consideraciones que pueden ser constitutivas de una base de desarrollo seguro de estas actividades. Por todos es reconocido el esfuerzo de la Dirección General de Tráfico (DGT) en proteger al colectivo ciclista y su aumento participativo en las últimas décadas. A pesar de estos intentos gubernamentales, lamentablemente seguimos asistiendo a la multiplicación de accidentes donde los tristes protagonistas son los miembros de este colectivo. Quizás procesemos esta información desde la perspectiva unilateral centrada en la seguridad, pero ¿son adecuadas a la práctica de actividad física nuestras vías y carreteras? La respuesta es sencilla, no. Las vías y carreteras son concebidas para la conectividad exclusiva de los vehículos a motor, donde se garantiza una seguridad por prestación de elementos técnicos agregados a los vehículos que va en total discordancia con las figuras de los vehículos a dos ruedas o de corredores o personas que realizan su actividad física frecuente en la modalidad de caminar. Los accidentes relacionados con esta modalidad de participación son menos frecuentes que los accidentes derivados de actos donde participan vehículos a dos ruedas. Según la DGT en su anuario de 2020 denominado "Las principales cifras de la siniestralidad", ya exponían que los usuarios vulnerables: representan el 50 % de las personas fallecidas por accidente de tráfico (260 peatones fallecidos; 71 ciclistas; 345 motoristas y 8 usuarios de VMP), siendo el segundo año consecutivo que los usuarios vulnerables suponen al menos la mitad de las víctimas mortales. Una de cada cuatro víctimas mortales fue un motorista.

Ante estos datos, nos preocupa y debería ocupar centrar los esfuerzos en la búsqueda de soluciones que atañen una mejora de la seguridad para quienes optan por esta modalidad de participación, siendo un volumen notable de los analizados en el estudio que incluye esta publicación, los usuarios que desarrollan su actividad física en vías, carreteras y caminos pedestres. Es evidente que las mejoras deberían acometerse en aspectos como la visibilidad, haciendo más apreciables aquellos elementos que garantizan la seguridad en estas vías, la dotación de espacios y márgenes amplios, y con un mantenimiento adecuado en cuanto a limpieza y superficie. Estos márgenes suelen ser ocupados por corredores y ciclistas para separarse físicamente de la zona de rodadura, pero es evidente que ante márgenes donde predomine la gravilla, arena o la vegetación invada el espacio, el ciclista o corredor optará por ocupar la vía ante la posibilidad de sufrir un accidente por esta causa. Este aspecto queda remarcado por publicaciones como las de Regidor et al. (2002) donde se enfatiza la importancia de las infraestructuras viarias para lograr unas carreteras seguras,

"… la primera respuesta de la sociedad española debería ser la mejora de las infraestructuras con el objeto de aumentar la seguridad del tráfico, tanto en carretera como en zona urbana".

Desde nuestra visión remarcada de carácter secundario, donde entendemos que las vías y carreteras deben ser ocupadas principalmente por los vehículos a motor y ciclistas correctamente localizados y visibles, consideramos de utilidad pública el hecho de mejorar los márgenes de las vías y ampliar la plataforma, dotándola de espacios específicos para ciclistas y corredores que puedan ser compatibles, en plataformas independientes, con el tráfico normalizado. Quizás así, logremos rebajar considerablemente las cifras expuestas por la DGT y probablemente aumentar el volumen de usuarios que prefieran estas localizaciones, con la preceptiva seguridad añadida, como espacios para la realización de su actividad física frecuente.

Otro aspecto relevante dentro de este apartado se centra en la seguridad ciudadana en la realización de actividades físicas en espacios abiertos como parques, plazas, avenidas o zonas comunes del extrarradio. En este caso concreto, la seguridad no afecta a la posibilidad de desplazarse entre varias localizaciones, sino que se encuentra íntimamente ligada a seguridad personal. Es una realidad social que muchos ciudadanos optan por horarios que puedan conciliar su vida laboral y personal con la práctica de actividad física y esto, les obliga a ocupar horas poco frecuentadas por la ciudadanía en estas localizaciones. Como alternativas a la minimización de este problema de seguridad, encontramos la organización de pequeños grupos por afinidad horaria, u optar por localizaciones bien iluminadas, conectadas y cercanas a la residencia, tal y como se expone en esta publicación. También es común en los usuarios actuales, disponer de algún sistema de comunicación directa a través de un dispositivo móvil que aporte seguridad y una posibilidad de intervención inmediata ante un problema. Sin duda, una de las asignaturas pendientes de nuestra sociedad actual se basa en la escasa dotación de sistemas y personal que garanticen una práctica de actividad física con total garantía, sea cual sea la hora de elección del ciudadano, necesitando una mayor dotación de agentes de seguridad y de elementos técnicos de control que complementen la acción tales como cámaras de seguridad.

CAPÍTULO 2
Análisis del perfil del usuario que realiza actividad física por cuenta propia en espacios públicos

CONTENIDO

1. Introducción. 2. La importancia de un estudio que nos ayude a conocer mejor el fenómeno social. 3. Fundamentación teórica. *3.1. Tipología de la práctica a analizar. 3.2. Lugar preferente para la práctica. 3.3. La socialización a través de los EPAF. 3.4. Caminar y correr como práctica habitual en los EPAF.* 4. Fundamentación científica. 5. Metodología. *5.1. Análisis de datos.* 5.1.1. Cadencia en la participación. *5.2. Observación.5.3. Instrumentos.* 6. Resultados. *6.1. Resultados asociados a la variable "Identificación del sujeto".* 6.1.1. Indicador 1: Género. 6.1.2. Indicador 2: Edad. *6.2. Resultados asociados a la variable "Participación".* 6.2.1. Indicador 1: Modalidad. 6.2.2. Indicador 2: Dinámica. 6.2.3. Indicador 3: Tiempo de práctica por día. 6.2.4. Cadencia en días por semana. *6.3. Resultados asociados a la variable "Equipamiento".* 6.3.1. Indicador 1: Calzado adecuado para la práctica de AFD. 6.3.2. Indicador 2: Presencia de elementos de control de la práctica de AFD. 7. Análisis de resultados. 8. Discusión. 9. Conclusiones del estudio. 10. Análisis DAFO del estudio.

1. Introducción

En los últimos años hemos presenciado como las plazas, parques, avenidas, paseos o playas, son ocupados por ciudadanos/as que optan por estas localizaciones como los lugares más adecuados donde mejorar su condición física, en la mayoría de las ocasiones, sin la tutela de un profesional de la actividad físico-deportiva. Esta tendencia se ve reflejada en los últimos datos aportados por la Encuesta Nacional de Hábitos Deportivos de España, la cual en sus dos últimas ediciones (2010 y 2015), plantea un escenario con un creciente porcentaje que bien merece un análisis como el que hemos desarrollado en este artículo. Así, en relación con el tipo de contexto de práctica, un 45,9 % de la población que realiza actividad física muestra preferencia por espacios al aire libre, un 24 % por espacios cerrados y el restante 30,1 %, hace actividad física en ambos lugares indistintamente. Este dato demuestra la importancia que ha adquirido la práctica de actividad físico-deportiva en espacios al aire libre, donde hasta un 76 % de los encuestados se manifiestan como potenciales practicantes.

Por tanto, el objeto fundamental de la presente publicación ha centrado su interés en analizar la creciente tendencia reflejada en los últimos estudios de hábitos deportivos de la población española, los cuales ubican el valor de participación por cuenta propia, en uno de los valores más destacados como forma de participación en actividades físico-deportivas de la población y, en constante crecimiento porcentual en la última década. A este respecto, la necesidad de ejercer nuestro cuerpo mediante la actividad física y los innumerables beneficios que comporta, ya poseía una trascendencia vital y un reconocimiento, marcado por aproximaciones antropológicas que lo sustentan, afirmando que *"lo característico del movimiento y de las muchas corrientes ideológicas y terapéuticas que lo vertebran, es la idea seminal del humanismo de Maslow: el énfasis en la autorrealización y el crecimiento personal"* (Cornejo-Valle et al., 2019).

Logrando la identificación del perfil de aquellos ciudadanos que optan por esta modalidad para la realización de su dinámica de actividad física semanal, obtendremos información muy relevante para poder favorecer aspectos tan importantes como la toma de decisiones en el ámbito sociopolítico para con el ciudadano y la ocupación y localización de su tiempo de ocio. Por su parte, logrando un mejor conocimiento de los factores que pueden influir directa o indirectamente en la potenciación del fenómeno a tratar, podremos ser más eficientes en la gestión de estos espacios dotacionales como zonas de autoservicio público de actividad física por cuenta propia.

2. La importancia de un estudio que nos ayude a conocer mejor el fenómeno social

Las inquietudes que se presentan como objetivos formales de esta publicación vienen determinadas por la necesidad de identificar cada una de las variables que hemos incluido como vinculantes con el fenómeno social a analizar, así como parametrizar cada uno de los indicadores, todo ello al objeto de obtener una perspectiva social e interpretativa de los resultados que nos permitan una visión técnica y relacional de los mismos. Así, entendemos como objetivo general del estudio la siguiente dimensión:

— Analizar el fenómeno social que representa el sobresaliente aumento de la participación en actividades físicas por cuenta propia que se desarrollan en espacios públicos, fenómeno que se ha consolidado en la última década en nuestro país, logrando identificar qué factores de nuestra estructura social afectan directa o indirectamente a este hecho.

Por su parte, establecemos otros elementos de carácter complementario que pueden aportar claridad al análisis, los cuales describimos a continuación:

- Obtener un perfil por género de usuarios/as de estas ubicaciones públicas, consiguiendo información relevante que identifique qué ciudadanos son los potenciales usuarios/as en la actualidad y qué comparativa real y empíricamente demostrada, se puede plantear con respecto a los datos aportados por la EHD-2015 y otros autores de referencia.
- Tipificar los diferentes perfiles asociados a variables como el género, la edad o la tipología de la práctica que realizan.
- Evidenciar y justificar la importancia del colectivo poblacional que realiza actividad física por cuenta propia en lugares públicos no destinados a la práctica reglada de cualquier actividad físico-deportiva convencional.
- Demostrar la esencialidad de la investigación en nuestra ciencia para conformar nuevo conocimiento que nos permita progresar, innovar y asentar nuevo conocimiento científico.
- Conocer cómo influyen determinados factores de nuestra sociedad en la potenciación o minoración del fenómeno, pudiendo establecer mecanismos de apoyo a la gestión pública para su integración y resolución operativa de cara a su mejora como fenómeno social.

3. Fundamentación teórica

Las *áreas de actividad terrestre*[3] son definidas por el Censo Nacional de Instalaciones deportivas como aquellos espacios no reglados donde se realiza actividad físico-deportiva al margen de las federaciones. Esta definición carece de una adecuación terminológica que fundamente una clasificación que acote uno de los espacios de mayor uso por parte de los ciudadanos que realizan actividad físico-deportiva por cuenta ajena. Desde una perspectiva aplicativa, consideramos de mayor utilidad emplear una terminología que ayude al profesional, técnico o investigador a ubicar un contexto referencial claro y sin posibles errores de interpretación. Así, hemos apostado por definir estos contextos en este estudio como *"Espacios públicos abiertos para el desarrollo de actividad física"* (EPAF, en lo sucesivo), reconociendo como tales aquellos espacios públicos (plazas, playas, avenidas, parques, paseos o similares) que son utilizados por la ciudadanía para realizar actividad física. Para Delgado y Calero (2016), esta tendencia queda refrendada en base a que *"la Educación Física aprovecha, muchas veces, el espacio abierto para realizar actividades o parte del mobiliario deportivo que ha ido apareciendo en muchas plazas y parques"*, siendo

---

(3) Áreas de actividad terrestre: como concepto técnico, ha sido utilizado habitualmente por el Censo Nacional de Instalaciones deportivas en su taxonomía de los diferentes espacios deportivos. Este documento es un instrumento técnico editado por el Consejo Superior de Deportes, entidad dependiente del Ministerio de Cultura y Deporte del Gobierno de España.

una tendencia al alza demostrada. Esta tendencia debe complementarse en base a fundamentos antropológicos centrados en la consecución de objetivos vinculados directamente con el resultado, como el objetivo de la actividad (salud y bienestar), el valor del contexto (sin limitación espacial aparente) y la representación de la actividad (desarrollo autónomo). En nuestro caso, hemos apostado por analizar esta realidad en entornos urbanos (pistas de marcha, plazas, playas, paseos, avenidas o similares) donde hemos observado un notable aumento de participación ciudadana en los últimos años. Esta tendencia se viene observando en las Encuestas de Hábitos Deportivos emitidas con carácter quinquenal por el Consejo Superior de Deportes, en referencia a que cada vez es mayor el número de españoles que hacen deporte en EPAF. Es en estas áreas, en las que los ciudadanos pueden realizar su práctica deportiva personal, con actividades nuevas de las que, a veces, ni siquiera existe una federación y donde se ha producido un sobresaliente desarrollo participativo (Ibáñez, 2004).

El objetivo fundamental de la investigación se centra en determinar quién es el/la usuario/a protagonista de este fenómeno de crecimiento desmesurado en la última década. Esta nueva perspectiva holística basada en la independencia para tomar decisiones, en este caso vinculadas al cuidado personal y la salud, debe poseer una evidencia científica contrastada en base a una muestra relevante. Para Cornejo-Valle y Blázquez-Rodríguez (2013), ya quedaba patente la necesidad de aumentar nuestros esfuerzos en la investigación antropológica basada en esta tendencia al afirmar que *"el ideario y la experiencia del empoderamiento en el ambiente holístico, constituyen importantes indicadores del tipo de práctica que debemos identificar y también del tipo de interpretación que debemos aplicar a la lectura de los datos, aunque sean exiguos y todavía no muy representativos"*.

En este caso, optamos por identificar el perfil del usuario/a que utiliza diferentes EPAF para ejercitarse. En la actualidad, una de cada tres personas en España se encuentra en el grupo poblacional comprendido entre los 30 y los 64 años (Instituto Nacional de Estadística, 2014). Este aumento de la población adulta, unido a los efectos que la crisis económica de finales de la primera década del 2000 y principios de 2010, producen la utilización por parte de Mestre-Sancho el término *glocal*[(4)], refiriéndose a las consecuencias que la crisis global posee sobre la gestión local y cercana al ciudadano. Esos efectos de la crisis glocal sugieren la conveniencia de realizar investigaciones que tengan como objetivo profundizar en el conocimiento de las repercusiones que estos cambios pudieran haber tenido en las demandas de servicios de actividad física y deporte de las personas adultas

---

(4) Glocal, término utilizado por los autores Hontangas, Orts y Mestre para identificar las consecuencias derivadas de la crisis mundial de finales de la primera década de este siglo XXI, sobre las competencias y servicios públicos de las Administraciones públicas locales.

españolas (Laparra y Pérez-Eransus, 2012). He ahí la conveniencia de encontrar sentido científico en nuestra investigación.

La potencialidad y notable evolución de este fenómeno social ha producido un aumento de contenidos en la Encuesta Nacional de Hábitos deportivos, procediéndose, en la última edición publicada (2015), a incluir una variable específica sobre este fenómeno. Esta tendencia fue ya destacada por García-Ferrando y Llopis (2011) en la Encuesta Nacional de Hábitos deportivos en España de 2010, donde se había producido un incremento de la práctica autónoma de actividad físico-deportiva (+75 %) y el descenso de la práctica organizada en ambos sexos y diversas edades. Esta tendencia, que constituye un importante cambio en el mercado español de servicios deportivos, ya fue presentándose desde 1990, aunque se ha potenciado en el período 2005-2015, dado que construir una esfera pública democrática no tiene que ver con su recentralización, sino con entenderla en términos de multiplicidad, movilidad y copertenencia (Martínez-Luna, 2019).

La propia tendencia evolutiva en esta última década, ha aportado cambios de referencia en aspectos tan reseñados como el tipo de actividad físico-deportiva realizada, destacando la evolución positiva en lo referido a la frecuencia de práctica, donde los datos aportan en términos semanales, un aumento considerable de practicantes de gimnasia, carrera a pie o musculación. El ciclismo, la natación y el fútbol continúan siendo actividades muy frecuentes en la población investigada. Con respecto a nuestra investigación, los datos nacionales plantean un escenario donde la evolución de la práctica de andar o pasear aporta resultados que muestran que un 70,6 % de la población suele realizar esta actividad, el 69,9 % de la población al menos una vez al mes, el 68,2 % al menos una vez por semana y un 49,1 % de los investigados diariamente. Frente a lo observado en las tasas de práctica deportiva, el hábito de andar o pasear es más frecuente en las mujeres (71 %), que en los hombres (67 %). Asimismo, mientras las tasas de práctica deportiva decrecían con la edad, el hábito de andar o pasear crece con ella hasta alcanzar sus valores más altos en el grupo de 55 a 64 años (79,9 %). A partir de esta edad los valores decrecen tomándose su valor mínimo en la población de 75 años en adelante, 55,2 % (Encuesta Nacional hábitos deportivos, 2015; EHD-2015 en adelante). Sin embargo, en los hábitos de pasear se ha obtenido un porcentaje mayor de varones que salen a caminar que de mujeres (92,2 % frente a un 81,9 %) en el caso concreto de los mayores de 65 años (Martín et al. 2009). Los resultados obtenidos para 2015 estiman que el 46,2 % de la población de 15 años en adelante, practicaba algún tipo de deporte semanalmente, cifra que indica un crecimiento de 9,2 puntos porcentuales en relación con el último periodo quinquenal disponible.

El comportamiento por género explica en gran medida esta favorable evolución, ya que si bien las tasas de práctica aumentan tanto entre los hombres (con un incremento de 4,9 puntos porcentuales), como entre las mujeres, es el ascenso del sector femenino el más destacado, de 13,3 puntos porcentuales. De hecho, la brecha por género estimada en la práctica deportiva en 2010 de 15 puntos porcentuales, ha disminuido notablemente hasta situarse la distancia de tasas de práctica semanal por sexo en 8 puntos porcentuales (2015). Como valor definitorio, hemos querido destacar que el aumento potencial participativo ha evolucionado del 4,8 % (2010) al 10,6 % (2015) del total de practicantes de actividad físico-deportiva en España.

Desde el punto de vista sociológico, este fenómeno planteado en las encuestas, nos indica que estamos asistiendo a una diversificación de las prácticas físicas y el surgimiento de otras nuevas, con un fuerte componente individualizador. Según manifestaban Olivera, y Olivera, (1995 y 2016) y García-Ferrando (2001), esta tendencia surge de forma paralela a los intereses de la moderna sociedad española caracterizada por la autonomía individual, la importancia de lo estético y por el declive de las instituciones jerárquicas. ¿Por qué se emplea esta forma de participación?, pues podemos encontrar varias razones, pero encontramos en estos autores anteriormente referenciados, que la práctica de actividad físico-deportiva (AFD, en lo sucesivo) de carácter colectivo es más común entre los jóvenes de 15 a 25 años, mientras que a medida que se incrementa la edad, se tiende a realizar más actividad física de carácter individual. Este resultado nos dirige hacia una tesitura relativa a que existen razones de diversa índole por las cuales los adultos que deciden practicar actividad física, eligen modalidades de carácter individual frente a las colectivas. Los deportes individuales son los más frecuentes en la población que practicó en el último año, ya que un 58 % manifestó esta preferencia, frente al 14,2 % que se inclinó por los deportes colectivos, o el 27,7 % que no muestra preferencia alguna. Existen notables diferencias por género, alcanzando la preferencia por deporte individual el 68,1 % entre las mujeres, frente al 49,7 % registrado en los hombres. También por edad, siendo entre los más jóvenes menos frecuente la preferencia por deportes individuales.

En cuanto a las horas de práctica semanal, la casi totalidad de las mujeres (el 96,9 %), realizan dos horas o más a la semana de práctica, con una media de 2,53 horas. Sin embargo, en los varones hay un 17,5 % que practica solo una hora a la semana, suponiendo el resto, un 82,5 %, un importante volumen de practicantes que realiza dos horas o más a la semana, siendo la media de todos los hombres de 3,46 horas (casi una hora más a la semana que las mujeres, probablemente porque parte de los varones realizan actividades al aire libre y en la naturaleza que implican más tiempo de práctica), (Martínez del Castillo et al. 2009). Del mismo modo, resulta importante destacar la tendencia alcista que se observa en la última década con un sobresaliente crecimiento en las tasas de práctica deportiva, donde parecen haber aumentado de manera importante las mujeres practicantes que autoorganizan su actividad principal al aire libre (de un 27,8 % en 2005, a un 63,7 %), ya que gran parte de estas mujeres camina (de un 8,8 % en 2005, a un 30,8 %), corre (de 5,3 % a 8,8 %) o monta en bicicleta (de 2,1 % a 5,5 %), según Martín et al. (2014).

Cabe destacar como estudios previos de especial relevancia, los abordados por Puig y Maza (2008) donde ya evidenciaban el notable aumento de la práctica de actividad físico-deportiva, utilizando los espacios públicos como área de desarrollo en la ciudad de Barcelona, detallando inclusive la distribución espacial de dichas actividades porcentualmente en: calle un 39,8 %, parques un 22,8 %, playa un 9,9 %, puerto/mar 5 %. Esta segmentación ha posibilitado una redacción de nuestra propuesta de trabajo de campo e intervención donde se categorizasen los espacios de forma clara, ya que podría existir una desafección del usuario analizado, con respecto al lugar de práctica. También entendimos como esencial realizar una distribución de la muestra entre diferentes localizaciones que mantuviese una correlación justificada entre el rango de población y las áreas de actividad o EPAF. En este sentido, Magrinyà y Mayorga (2008), categorizan y clasifican porcentualmente diferentes localizaciones como lugares donde habitualmente se desarrolla actividad físico-deportiva al aire libre, definiéndolas como:

Tabla 1. Estratificación porcentual de participación en espacios públicos; Magrinyà y Mayorga (2008). Fuente. Elaboración propia

Tipología de espacio	Tipo	% específico	% total
Espacio planificado	Parque	40,3	51,6
	Plaza	11,3	
Espacio NO planificado asociado a una infraestructura	Adaptado	19,4	24,2
	Improvisado	4,8	
Espacio NO planificado asociado a una infraestructura deportiva	Adaptado	17,7	17,7
Espacio abandonado	Parcela	6,5	6,5

Debemos considerar que el año de publicación de este estudio (2008), los parques y plazas no contaban, en la mayoría de los casos, con el equipamiento del que se dispone en la actualidad de la tipología de aparatos biosaludables o calistenia, lo que aumentaría considerablemente la participación en su volumen global. Sí consideramos determinante que los espacios denominados "adaptados" en este estudio cuentan con una mayor tendencia participativa sobre espacios "improvisados". También resulta relevante que el ciudadano prefiere los Parques a las Plazas, siendo determinante en este caso las dimensiones y la mayor amplitud de territorio, preferentemente para aquel usuario que acude a realizar actividad física de carácter aeróbico. Por último y, en lo referido a este apartado, más del 50 % de los usuarios realizan su actividad en lugares y espacios planificados para tal finalidad, lo cual ya nos advertía de la necesidad en ese año de apostar por espacios deportivos polivalentes que faciliten la práctica de actividad físico-deportiva en lugares abiertos.

Resulta mayoritaria la percepción de varios autores como Magrinyà y Mayorga (2008), Puig y Maza (2008) o Chacón-Borrego et al. (2017) en vincular contextualmente los elementos y condicionantes más importantes para evaluar los espacios públicos como lugares con mayores posibilidades de transformarse en áreas de actividad o como es nuestro caso, en EPAF. Nuestra pretensión en el desarrollo del trabajo de campo se centró en identificar las variables expuestas por estos autores, adaptándolas a las singularidades de la localización. Como variables de referencia se establecieron, por tanto, las siguientes:

1. Relación entorno-proyecto: referido especialmente a la ubicación del espacio público, debiendo localizarse espacialmente en cercanía con zonas residenciales y áreas con una densidad de población considerable.

2. Conexión con vías peatonales y comerciales del entorno: la propia cercanía a zonas residenciales de alta densidad de población es garantía de presencia de una conectividad evidente y necesaria para este tipo de actividades físico-deportivas en espacios abiertos, ya que se favorece la conectividad de servicios de mantenimiento, limpieza y auxilio en caso de problemas de salud de los usuarios.

3. Legibilidad, accesibilidad y continuidad de los recorridos internos: donde la distribución espacial interna de la localización favorece la práctica de actividad física de forma ordenada y continuada. En este sentido, tomamos como referencia ubicaciones donde la actividad preferente y mayoritaria se centra en ejercicios aeróbicos vinculados a la carrera continua o caminar.

4. Proporción y dimensión de los espacios de estancia y de prácticas deportivas: analizando las dotaciones de equipamiento, su funcionalidad y utilidad percibida, con especial interés en la calidad y tipología del suelo.

5. Localización, cantidad y dimensión del mobiliario y del equipamiento deportivo: entendiéndose como la posibilidad del usuario de realizar diferentes actividades en el mismo espacio público.

3.1. Tipología de la práctica a analizar

Para el presente estudio se ha tomado como referencia las aportaciones de varios autores que han analizado previamente este fenómeno social y que ratifican la hipótesis de partida, la cual nos ubica en un escenario que expone la práctica deportiva en las calles, plazas, parques o similares como una práctica centrada en la movilidad (andar, correr, desplazarse en un vehículo autopropulsado o similar).

Sobre esta base, nos centramos en analizar la tipología de la actividad física que se realizaba como muestra de la forma más habitual y visible de uso, ya que tal y como argumentaba Torné (2019):

"Las actividades deportivas mayoritarias que se registran en el espacio público son aquellas que recorren la ciudad. Concretamente, en el frente marítimo se han observado como las más habituales el correr, ir en bicicleta y skate, que representan dos terceras partes del total de registros. En consecuencia, estas actividades acogen al 71,4 % de los practicantes".

Por su parte, Nuviala et al. (2014) ya definían las motivaciones preferentes de la población andaluza en lo que respecta a la práctica de actividad físico-deportiva en espacios públicos, detallando que:

"… sus componentes estaban motivados especialmente por razones vinculadas a las dimensiones «Disfrute (3,62), Fitness/Salud (3,49) y Social (3,32)». Sin embargo, como ya se ha mencionado, los factores que más han condicionado a la formación de este grupo han sido Competencia y Disfrute, factores incluidos dentro de la denominada motivación intrínseca".

3.2. Lugar preferente para la práctica

Una de las variables más significativas del presente estudio, busca profundizar sobre las ubicaciones para el desarrollo de la actividad físico-deportiva que selecciona el ciudadano. Los valores estatales de la EHD-2015 exponen una apabullante mayoría ciudadana que presenta preferencia contextual hacia lo que denomina "Espacios abiertos de uso libre"[5]. La correlación de valores no deja la menor duda, poseyendo un dato del 69,9 % del total de practicantes de AFD en estos espacios no formales. Valga como ejemplo el dato de la segunda preferencia de contexto de práctica (Gimnasios privados, con un 23,1 %).

Por su parte, García Ferrando y Llopis (2011), indican que las instalaciones deportivas municipales son los espacios más utilizados para practicar deporte por los jóvenes, adultos y mayores de ambos sexos (52,5 % hombres, 49,4 % mujeres), seguidos por lo que denominan *espacios simbólicos al aire libre* (49,4 % hombres, 38,1 % mujeres). Este dato nos ubica en una realidad que pretendemos contrastar mediante la variable de género y que se refleja en que 2 de cada 3 practicantes de actividad física por cuenta propia son hombres y una de cada tres, mujeres.

Tomando como referencia estudios precedentes, Vázquez (1993) ya observaba que la mayor parte de las mujeres encuestadas suelen practicar actividad físico-deportiva al aire

---

(5) Queda evidenciada la disparidad terminológico-conceptual en dos documentos técnicos editados por la misma entidad (Consejo Superior de Deportes: *EHD y Censo Nacional de Instalaciones deportivas*), donde se emplean con la misma identificación y características los que hemos denominado EPAF, referidos como *áreas de actividad terrestre* o *espacios abiertos de uso libre*.

libre. Otro estudio de referencia (Pavón, 2001), confirma que los hombres prefieren las instalaciones al aire libre, mientras que las mujeres se decantan más por las instalaciones cubiertas. Esta discordancia debe ser analizada y observada empíricamente al objeto de ubicar temporalmente la participación y el perfil de los practicantes de AFD en los EPAF.

Un elemento analizado con profusión por diferentes autores lo ha constituido el posicionamiento de los espacios públicos utilizados para la práctica deportiva, preferentemente las plazas y parques. En este sentido, se ha considerado por autores como Magrinyà y Mayorga (2008) como de vital importancia la localización con respecto a la población, empleando los términos segregación y complementariedad para su exposición. Los planes de ordenación urbana de los años 80 y 90, localizaban los espacios deportivos en lugares del extrarradio o en áreas limítrofes de las localidades, todo ello en base a la utilización de los mismos para la competición deportiva con carácter preferente. Esta tendencia varió notablemente en la década de los 90 y principios del actual siglo, donde los ciudadanos han optado por el empleo de otras localizaciones "no deportivas" para su tiempo destinado al cuidado de su salud a través del ejercicio físico. Y la evidencia nos muestra, con el paso de los años, que el ciudadano ha optado por ubicaciones céntricas, cercanas y con servicios adicionales, todo lo contrario a la tendencia pasada.

También cabe destacar apreciaciones relativas a la localización y su contexto como las aportadas por Barnett et al. (2017) o Laatikainen et al. (2016), donde determinan que la población prefiere lugares públicos para la práctica de actividad física que se encuentren cercanos a los vecindarios, residencias o grupos de edificios, que además sean transitables, que presenten una estética óptima, además de los ya nombrados servicios de cercanía como mercados, tiendas o similares.

Por último, Orzanco (2015) ya establecía factores relacionados con los lugares de práctica que vinculaban la mayor tendencia hacia la práctica y qué aspectos resultaban determinantes para conseguir que los ciudadanos realizasen más ejercicio físico en la calle, concretando que los residentes de las áreas urbanas realizan más ejercicio físico en la calle que los residentes en las zonas periurbanas, además de una mayor participación si en su área de residencia cercana, contaban con avenidas, plazas o parques. Con todo ello, el análisis de nuestro estudio quedó concretado y organizado para obtener unos altos índices de significatividad en cuanto a la selección de las localizaciones a analizar.

3.3. La socialización a través de los EPAF

Como aspecto de esencial relevancia y observado, pero no abordado como variable de la investigación desarrollada, debemos mencionar lo que adelantaban Puig et al. (2006) en su análisis de la realidad de los espacios públicos como lugares generadores de redes sociales promotoras de la actividad físico-deportiva. Para estos autores, la presencia de actividad físico-deportiva en la calle, donde destacan su capacidad de autopromoción y creación de tendencias sociales enfocadas a la participación, es un elemento indispensable para la gestión de los espacios y las dinámicas de uso de los mismos. La capacidad de autopromoción del deporte, mediante su muestra y visibilización, convierte los espacios públicos en lugares donde el ciudadano se encuentra seguro, libre y predispuesto a la realización de sus rutinas de ejercicio físico. La dotación de zonas de apoyo a los deportistas se antojaba ya primordial en esta época, planteándose la necesidad en firme de contar con servicios accesorios cercanos tales como aseos o taquillas para mejorar la participación como elemento cohesionador.

Tenemos por tanto, un reto evidente según lo observado en el propio trabajo de campo, como expuesto por Puig et al. (2008), la mejora de los servicios complementarios al deportista para lograr una autonomía y conseguir una mayor satisfacción en la práctica de actividad física por cuenta propia en la actualidad. Este reto no será posible si todos los estamentos implicados, básicamente la propia Administración pública local como gestora de estos espacios, no se involucra en una mejora de la dotación y seguridad para con el deportista, siendo una demanda observada y requerida "in situ" a los Técnicos presentes durante el trabajo de campo.

Operativamente, hemos asistido a una apuesta por la mejora de todos estos espacios públicos, incluyendo una nueva ordenación pública de los mismos donde se modifican usos de suelos y se han improvisado nuevas áreas de actividad sobre la base de los aparatos denominados biosaludables o las zonas de calistenia. La tendencia es imparable y cumple con todos los requisitos competenciales que pretende cualquier Administración pública, ya que se ha logrado involucrar a diferentes estamentos de edad y género en torno a estas nuevas áreas. Así, podemos observar como la población adulta mayor de 55 años desarrolla su actividad física promotora de una salud integral en las áreas equipadas por aparatos biosaludables, tal y como exponen Romero-Reche et al. (2015):

"de esta necesidad han surgido los parques biosaludables, lo que para algunos autores supone en gran medida una colonización de los espacios públicos, pensados para personas «menos jóvenes» y que pueden cumplir una doble función: socialización a través de la interacción con otros usuarios y la mejora física y mental de los mismos".

Por tanto, es evidente el carácter socializador de estas infraestructuras que han repercutido en una operatividad en la mejora de condición física, pero también en la mejora de la socialización como resultado. Para López-Capra y Roca-Cruz (2018), las motivaciones fundamentales de los adultos que utilizan estas áreas para su desarrollo operativo del ejercicio físico, son la lúdica, la médica, la saludable, la de entrenamiento y la social, en función de qué busca encontrar cada usuario cuando acude a los parques biosaludables, remarcándose por tanto la selección de las variables del presente trabajo como eje teórico de conocimiento.

Para las autoras Vilanova y Soler (2008), los espacios públicos se encuentran acotados a dos tipos de redes como son las denominadas "de familia" y "de amistad", donde en todas ellas prevalece un elevado componente masculinizador, tanto en su concepción como espacio público, como en sus dinámicas de uso. En este sentido, las dotaciones de equipamiento y áreas de actividad han ganado en los últimos años, un elevado componente integrador de género, ya que las posibilidades de uso de las diferentes zonas y áreas, unido al aumento de la participación por cuenta propia de los propios espacios, refleja en las propias EHD quinquenales, que esta tendencia es cierta. Nuestra intención, al igual que argumentan estas autoras en el año 2008, será aportar más claridad al conocimiento de esta realidad y fenómeno social destacado de nuestro ámbito de conocimiento.

Por su parte, Torné (2019) aporta una visión más concreta del fenómeno relacionado con la práctica deportiva en espacios públicos, determinando que:

"las prácticas deportivas en el espacio público pueden ser generadoras de capital social, siempre que consigamos diseñar espacios inclusivos que faciliten la apropiación por parte de la ciudadanía. En ambos enfoques se han sugerido unas recomendaciones que ponen en diálogo el urbanismo y la práctica deportiva que deben ser tomadas en consideración".

Consideramos muy acertada esta definición y aportación específica al ámbito social, ya que incluye un activo de referencia al concretar como capital social la práctica de deporte en espacios públicos. Esta tendencia de por sí, unida a la presencia cada vez más habitual de redes y asociaciones no formales de carácter social, consolidan una perspectiva cada vez más visible y reforzada.

Por último, Fariña et al. (2019) detallan la relevancia de los EPAF como lugares donde la socialización y la promoción de hábitos saludables. Es destacable cómo estos autores realizan un alegato desde la perspectiva técnica basada en la arquitectura urbana acerca de la importancia fundamental que posee el binomio espacio público-salud. Su análisis y determinación nos aportan conclusiones muy destacables y que ahondan en la relevancia de nuestro estudio, como las estas afirmaciones de detalle:

1. El urbanismo tiene un impacto importante en la salud, tanto por la capacidad del entorno de influir en las decisiones más o menos saludables que toma la población como por la capacidad de crear entornos que disminuyan la contaminación y mitiguen su impacto en el cambio climático y las consecuencias del mismo en la vida en el entorno urbano.

2. Fomentar entornos urbanos saludables implica hacer que la elección de las opciones más saludables sea más fácil para la ciudadanía: en la práctica de actividad física, en el fomento de la interacción social y las redes sociales, en prevenir la soledad no deseada, etc.

3. Trabajar en urbanismo y salud con un especial enfoque en envejecimiento activo supone trabajar para un entorno urbano más saludable para toda la población.

Estas reflexiones, tan adecuadas a la relevancia de nuestro estudio, nos ubican en un panorama alentador, alejado de la distancia técnica y visionaria aplicativa de los profesionales de la arquitectura para con la actividad física. Una localización segura, óptima, cercana, comunicada y accesible, garantiza que los EPAF sean lugares preferentes para la práctica de actividad física por cuenta propia.

3.4. Caminar y correr como práctica habitual en los EPAF

Dentro de las preferencias definidas de la población que utiliza los EPAF como áreas de actividad por una modalidad práctica concreta u otra, las habilidades motrices de caminar y correr son las más desarrolladas, no solo mediante una simple observación, sino por los datos que ofrecen los últimos estudios al respecto. Ya en la EHD-2015 se establecía un porcentaje considerable de estas modalidades como forma de realizar la actividad física por cuenta propia. Los datos nos aportan información relevante tal como que el hábito de andar o pasear es más frecuente en las mujeres (74 %), que en los hombres (67 %).

Hemos profundizado en otros estudios empíricos donde se analizase esta tendencia para lograr con ello, corroborar la importancia del estudio y su aportar datos que puedan dimensionar correctamente la propuesta, encontrando estudios como los realizados por Orzanco (2015) en su tesis doctoral, donde se detallaba que el 77 % de la población que realiza actividad física en espacios públicos, manifiesta su ejercicio físico mediante las diferentes variables de caminar y correr. Este dato nos resulta espacialmente relevante para nuestro estudio, ya que los valores obtenidos en diferentes comparativas como podría aplicarse a la EHD-2015, nos aportan valores muy similares, lo que convierte el dato en tendencia descriptiva.

Sin duda, un documento técnico de referencia que debemos consultar sobre esta temática concreta nos dirige hasta el trabajo de Fariña et al. (2019), los cuales en la publicación denominada *Ciudad, Urbanismo y Salud*, nos exponen claramente la necesidad de crear lo que denominan "ciudades para caminar", haciendo un alegato técnicamente justificado de la importancia de la vida urbana con el desplazamiento a pie como eje de una vida saludable. Este documento fue generado en base a un convenio entre la Red Española de Ciudades Saludables y la implementación local de la Estrategia de Promoción de la Salud y Prevención, suscrito por el Ministerio de Sanidad, Consumo y Bienestar Social (MSCBS) y la Federación Española de Municipios y Provincias (FEMP). En este caso concreto, las Administraciones públicas más importantes de nuestro país ya ponen el acento en analizar este fenómeno y aportar información para mejorar, condicionar y asesorar técnicamente a los municipios en los diseños de los espacios públicos que garanticen buenas dotaciones espaciales para favorecer el caminar como estrategia integrada de salud corporativa.

Para Moscoso et al. (2013) ya se planteaba una diferenciación relativa a la manifestación específica de andar o caminar, incluyéndola como elemento de consulta en su estudio. Como indicador de referencia encontramos la aportación precisa en su estudio sobre la dinámica de práctica, la cual hemos incluido en nuestra propuesta y consideramos un factor determinante para el objeto de nuestro estudio, identificar el perfil del usuario de los EPAF. Concretamente, se plantea la cuestión como *"independientemente de que Vd. practique o no deporte, ¿suele andar o pasear con un ritmo lento o rápido?"*. Esta referencia a este indicador de la variable manifestación de la práctica, es determinante, ya que nuestros ciudadanos optan, según su nivel de condición física, por una forma de manifestarse u otra. Podría tratarse de un indicador de la condición física de la población, referenciada inclusive por segmentos de edad, pero eso será objeto de otro estudio más preciso acerca del mismo.

Un elemento esencial en la investigación actual lo conforman las nuevas tecnologías, sin las cuales ya el ser humano es casi imposible que pueda realizar cualquier actividad cotidiana. La actividad física por cuenta propia no podía estar exenta de esta tendencia y ya Gutiérrez (2018) planteaba que el hecho de andar y caminar tenían un destacado vínculo con las nuevas tecnologías, destacando que:

"es cierto que este dispositivo se convierte en un entrenador que tienen forma de teléfono móvil y un programa en forma de aplicación incorporada. Esta situación la podemos observar hoy en muchas personas que andan o corren por la calle y que se acompañan de su teléfono móvil".

El mismo autor reseñaba la importancia de incluir en las sucesivas encuestas de hábitos deportivos estatales la presencia de estos dispositivos, ya que literalmente planteaba que:

"el posible que el uso del teléfono móvil en las prácticas deportivas populares haya sido uno de los elementos que ha ayudado más al aumento de la práctica deportiva en general en nuestro país. Sugerimos que en próximas encuestas de «Hábitos deportivos» una pregunta significativa podría ser si la práctica deportiva se realiza con o sin teléfono móvil"

Tal y como defiende este autor, nosotros también hemos decidido incluir este fenómeno en nuestro estudio, ya que nos encontramos con elementos complementarios que cooperan en la globalización de la tendencia y la hacen más atractiva al practicante puesto que ofrecen una relación de datos, informes y valores que ayudan a la fidelización del ciudadano con este tipo de práctica deportiva.

4. Fundamentación científica

El objetivo primordial de la investigación se ha centrado en determinar cuál es el perfil del usuario/a que utiliza los EPAF para realizar su actividad física. Para ello, hemos analizado aquellas variables de la tipología específica sociodemográfica que nos permiten el análisis de dicha acción y los indicadores que nos pudiesen ubicar en la realidad de práctica y sus agentes. No aportamos valores asociados a variables dicotómicas ya que los valores y datos obtenidos carecían de esta posibilidad.

Variable 1: Identificación del sujeto. La primera variable determina dos indicadores sencillos. Por una parte, el género del usuario/a (indicador 1) y la edad del sujeto (indicador 2).

Variable 2: Participación. En la segunda variable se obtienen valores sobre la modalidad de participación (indicador 1), la dinámica de participación (indicador 2) y el tiempo y la cadencia semanal de práctica (indicadores 3 y 4, respectivamente).

Variable 3: Equipamiento. Identificando indicadores como la adecuación del calzado y la indumentaria (indicadores 1 y 2, respectivamente) y si cuentan con equipamiento técnico de control de la actividad física (indicador 3).

Tabla 2. Fundamentación científica. Fuente. Elaboración propia

Cuadro 1 DETALLE DE RELACIÓN DE VARIABLES E INDICADORES	
Variable	**Indicadores asociados**
V1: Identificación del sujeto	I1: Género I2: Edad
V2: Participación	I1: Modalidad I2: Dinámica I3: Tiempo de práctica I4: Cadencia semanal
V3: Equipamiento	I1: Adecuación del calzado I2: Adecuación de la indumentaria I3: Equipamiento técnico de control de la AF

Indicadores de la variable "Identificación del sujeto"

Precisamos, al objeto de aportar verificabilidad en valores al proceso empírico, obtener el dato de la edad en años directamente de los usuarios/as, no existiendo inconveniente mediante la observación en verificar el género (masculino / femenino).

Indicadores de la variable "Participación"

Los valores asociados a los indicadores de esta variable nos aportan información sobre:

- Modalidad: clasificando el tipo de actividad física que desarrolla el/la usuario/a en:
  - Camina: desarrolla solo la acción de caminar durante la actividad.
  - Carrera suave: corre sin exigencia física aparente (no existe agitación respiratoria y la zancada no es amplia).
  - Carrera intensa: corre con exigencia física (existe agitación respiratoria y la zancada es amplia).
- Dinámica: tipificando la independencia o pertenencia a un grupo con nivel de práctica parejo:
  - Independiente: realiza la actividad en solitario.
  - En grupo: especificando si la actividad es en pareja, trío, cuarteto, quinteto o superior (con detalle de género de los/as integrantes).
- Tiempo de práctica: mediante consulta directa a los/as usuarios/as, obtener el valor del tiempo en minutos que destina en cada jornada que realiza actividad física en estos EPAF.
- Cadencia semanal: detallando el número de días por semana que se realiza la práctica.

Indicadores de la variable "Equipamiento"

Obteniendo información específica sobre los complementos que acompañan al/la usuario/a, buscando la adecuación de las medidas de prevención, seguridad, calidad y garantía en la práctica:

- Adecuación del calzado: reconociendo el calzado propio de carrera a pie u otro diferente en modalidad o tipo.
- Adecuación de la indumentaria: reconociendo vestimenta específica para la actividad física en estos EPAF, en asociación con la modalidad de práctica.
- Equipamiento técnico de control de la actividad física: identificando elementos técnicos de control de la actividad que se realiza como pulsómetros, teléfonos inteligentes, podómetros u otros dispositivos de control (reloj específico). Esta información se obtiene mediante observación del proceso o en el momento de la consulta directa al usuario/a de los indicadores anteriormente argumentados.

5. Metodología

La presente investigación se realizó mediante la técnica del análisis descriptivo de indicadores cerrados. La muestra ha estado conformada por 766 usuarios/as de EPAF que desarrollan actividad física en estos contextos específicos (N = 766) y su selección ha sido aleatoria y correlacional. Se constató un nivel de confianza del 95,7 %, y en los casos de mayor dispersión para cuestionarios de tipo dicotómico p = q1/2, el mayor error previsible de muestreo se fijó en torno al 2,94 %. La distribución porcentual de la participación se establece como:

Los valores asociados a los indicadores se obtuvieron de cinco (5) contextos muestrales diferenciados de tres localidades de la Isla de Gran Canaria (España). Al objeto de obtener información diversificada que enriqueciese los valores obtenidos, se analizó la participación de practicantes de diferentes entidades de población, seleccionando municipios costeros donde la benevolencia climatológica propicia este tipo de manifestación y cuya población tuviese representación de los diferentes tipos de localidades que tipifica la Federación Española de Municipios y Provincias (FEMP, en adelante). Se seleccionó un municipio pequeño (censo inferior a 15.000 habitantes), un municipio mediano (entre 15.001 y 50.000 habitantes) y una gran ciudad (+250.000 habitantes). Además, se seleccionaron en el caso de la gran ciudad, tres ubicaciones diferentes, dada su extensión y EPAFs más frecuentados.

Localidad 1: (379.543 habitantes, Instituto Canario de Estadística 2015, ISTAC, en lo sucesivo). Ha sido valorada como la ciudad con mejor clima del mundo (Universidad de Syracuse, 2004) y mejor calidad del aire de España (Organización Mundial de la Salud, 2014). Cuenta con tres EPAF destacados y utilizados por la ciudadanía para el desarrollo de su actividad física:

— Pista de marcha de 1.000 metros exactos de cuerda de carrera

  Se encuentra ubicada en el entorno de una zona verde y con infraestructuras deportivas cercanas. De fácil acceso ciudadano y buena conectividad. Su suelo es de tierra entremezclada (arena de montaña y tierra común) y cuenta con una gran tradición como lugar de práctica habitual de actividad física y entrenamiento de corredores.

— Avenida junto al mar: paseo peatonal que comparte espacio con un carril-bici

  Su dimensión espacial supera los seis (6) kilómetros, extensibles a áreas de actividad anexas. Es el frente marítimo de toda la ciudad y posee accesos desde diferentes áreas urbanas y barrios de la ciudad. Su suelo es de pavimento rígido de baldosas y cuenta con fieles usuarios/as todos los días del año.

— **Avenida de playa:** paseo peatonal anexo a la playa.

Su dimensión espacial supera los cuatro (4) kilómetros, con derivaciones anexas hacia otras zonas y prolongación hacia Autovía. Es un núcleo social, participativo y punto de encuentro de la ciudad, además de uno de los mayores referentes turísticos de la Isla. Su suelo es de pavimento rígido adoquinado y cuenta con gran tradición de actividad física en horarios de primera y última hora del día.

Localidad 2: 37.054 habitantes (ISTAC, 2015), es una localidad cuya temperatura media anual se sitúa en los 18,2 grados. Ha realizado en la última década una gran apuesta por la dotación de EPAF accesibles a la ciudadanía, suprimiendo inclusive una carretera principal de acceso a la ciudad para convertirla en un EPAF. Cuenta con un paseo peatonal dotado de carril-bici muy frecuentado y en constante evolución en la participación de la ciudadanía, de más de cinco (5) kilómetros de extensión y suelo asfaltado. Cuenta con participación a cualquier hora del día, lo que la convierte en una ubicación privilegiada para el estudio.

Localidad 3: con un valor demográfico de 5.637 habitantes (ISTAC, 2015), es una villa marinera. Cuenta con zona portuaria y destaca por su conectividad. La población utiliza mayoritariamente el denominado Paseo Marítimo, como EPAF. Se trata de un paseo de suelo rígido de baldosas de un kilómetro y medio de distancia, con prolongaciones hacia el dique portuario y el barranco de la localidad.

Figura 1. Distribución porcentual de segmentos de edad. Fuente. Elaboración propia

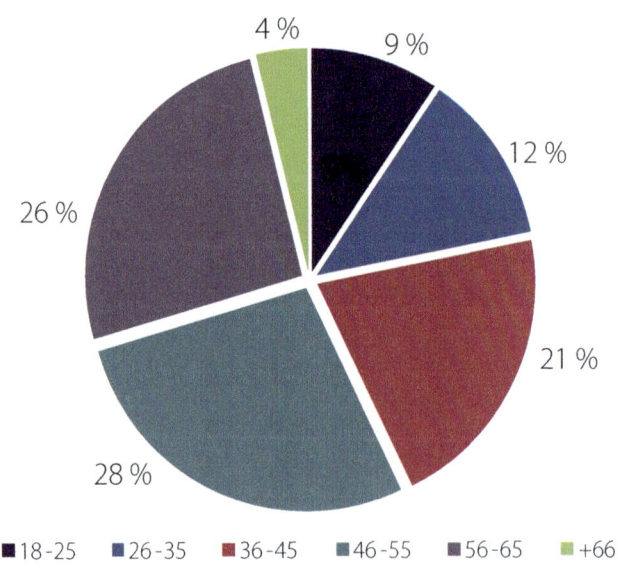

■ 18-25   ■ 26-35   ■ 36-45   ■ 46-55   ■ 56-65   ■ +66

Tabla 3. Muestra y localización del estudio. Fuente. Elaboración propia

UBICACIÓN	N
Gran ciudad 1	141
Gran ciudad 2	166
Gran ciudad 3	118
Municipio mediano	177
Municipio pequeño	164

5.1. Análisis de datos

Para el análisis descriptivo se planteó el tratamiento de frecuencias y porcentajes, empleándose como instrumento, la prueba inferencial Chi-cuadrado para ratificar la existencia de relaciones entre las diferentes variables. Posteriormente, se realizó un análisis correlacional siguiendo la prueba no paramétrica Rho de Spearman, estimándose significativos los resultados obtenidos, ya que se concluyó este parámetro con un valor de $p \leq 0,05$ entre las variables categóricas del estudio.

Para el tratamiento de los datos se empleó el programa SPSS de IBM en su versión 24.0.

5.1.1. Cadencia en la participación

Según los valores que expone la EHD-2015, un 40,7 % de la población realiza AFD en la cadencia semanal estimada de lunes a viernes, un 17,6 % en fines de semana y el 41,6 % no muestra preferencia alguna por el día. Sobre esta base, se planificó el trabajo de campo, el cual constaba de un análisis de la participación según días, turnos y ubicaciones específicas.

En el caso de la selección de días, se cumplió con un reparto equitativo a razón de los valores anteriormente expuestos, planteando un reparto de cuatro (4) días de observación y encuesta de entre lunes a viernes y un (1) día de fin de semana (80-20 %).

En cuanto a la selección de los turnos de observación y encuesta, se plantearon cuatro (4) posibles presencias de los investigadores en todas las ubicaciones. Un primer turno de 07.00 a 10.00 horas; un segundo turno de 11.00 a 14.00 horas; un tercer turno de 15.00 a 18.00 horas y un último turno de 19.00 a 22.00 horas. Estas cadencias en la observación y encuesta obedecen a abordar los diferentes tipos de participación entre la población en lo referente a turnos de trabajo, obligaciones y preferencias, buscando obtener información con el mayor detalle posible.

5.2. Observación

A través del procedimiento de observación directa y registro mediante plantilla de seguimiento, se obtuvo información de los siguientes indicadores:

- V.1. Identificación del sujeto: indicador "género" y "edad".
- V.2. Participación: indicadores de "modalidad" y "dinámica".
- V.3. Equipamiento: calzado adecuado para la práctica y presencia de elementos de control de la AFD que se realiza.

Para la recogida de datos del proceso de observación, se diseñó una plantilla ad-hoc. Dicha plantilla se validó en diferentes secuencias de observación por cuatro técnicos, los cuales aportaron mejoras para su mayor operatividad.

5.3. Instrumentos

Mediante el instrumento de control procesal denominado "cuestionario", con un valor del Alfa de Cronbach global de 0,85, se obtuvo información de los siguientes indicadores:

- V.1. Identificación del sujeto: indicador "edad".
- V.2. Participación: indicadores de "tiempo de práctica" y "cadencia semanal".

Para el desarrollo del análisis de los datos obtenidos, se procedió a su filtrado por indicador, procediéndose a obtener información específica de cada variable. Posteriormente se establecieron relaciones entre aquellos indicadores multivariables para poder proceder a obtener información específica acerca del objeto del estudio.

6. Resultados

Los resultados obtenidos en la presente investigación nos han aportado valiosa información referencial que nos permite ubicar la realidad de la participación en estos EPAF, así como la posibilidad de identificar los perfiles mayoritarios de usuarios/as que desarrollan su AFD en estas localizaciones. El valor medio de las observaciones realizadas variaba entre las ubicaciones y turnos de observación. Así, como primer valor identificativo se detectó una mayor participación en los turnos observados entre las 07.00 y las 10.00 horas y entre las 15.00 y las 18.00 horas en el entorno de la ciudad y una mayor participación en el entorno del municipio pequeño y mediano en los turnos de inicio y final del día (07.00 a 10.00 y 19.00 a 22.00 horas). Dicha aportación obedece a un seguimiento realizado durante 11 meses de un año natural en curso, desarrollando observaciones en diferentes meses y períodos del mismo entre septiembre del año 1 y julio del año 2 analizados.

La presentación de los resultados se plantea desde una perspectiva secuenciada por variable del estudio, realizando las consecuentes asociaciones multivariables en el posterior análisis de resultados.

6.1. Resultados asociados a la variable "Identificación del sujeto"

Los resultados obtenidos asociados a esta variable, marcan la importancia de nuestro estudio al dotar al mismo de la base fundamental de datos generales de género y edad de los usuarios/as de este tipo de ubicaciones. Los resultados obtenidos por cada indicador son los siguientes.

6.1.1. Indicador 1: Género

Un 60,98 % de los usuarios de los EPAF analizados son hombres y un 39,02 % son mujeres. Existe una reseñable variación según la ubicación de la práctica, ya que el porcentaje adquiere una variación pasando a un 57,63 % en hombres y un 42,37 % para municipios medianos y de un 53,07 % en hombres y 46,93 % en mujeres en municipios pequeños.

Figura 2. Relación porcentual de participación por género. Fuente. Elaboración propia

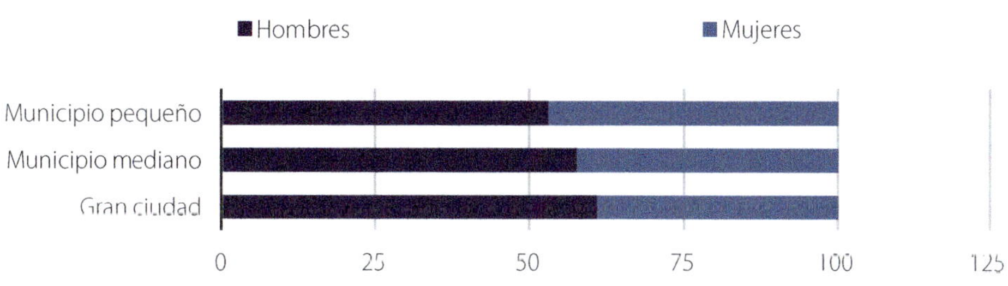

Existe una prevalencia de utilización de estos espacios por parte del género masculino, el cual acude en un 60,98 %, en comparación con el 39,02 % de mujeres que los utilizan, existiendo diferencias evidentes en función de esta variable en concreto.

Tabla 4. Participación por género en EPAF

% por género	Femenino	Masculino	Sig
% favorable por género	39,02	60,98	0,000*
% desfavorable por género	60,98	39,02	
		* Prueba de significatividad Chi-cuadrado **0,01 *0,05	

6.1.2. Indicador 2: Edad

Otro valor destacado del estudio se obtuvo de la consulta de la edad a los usuarios/as, ya que su estratificación nos permitirá asociar un índice de participación por segmentos de edad y poder a su vez, discutir tales valores con los datos de la EHD-2015. Los resultados obtenidos en la investigación han sido relacionados por segmentos de edad de población adulta, descartando los menores de edad, ya que este dato resultó inferior al 3 % de los encuestados. Los segmentos de edad y sus valores asociados obtenidos han sido:

Tabla 5. Distribución de usuarios/as por segmentos de edad. Fuente. Elaboración propia

Segmento edad (en años)	Porcentaje	Mujeres	Hombres	Sig
18-25	9,52 %	71,81 %	28,19 %	0,001**
26-35	12,38 %	54,55 %	45,45 %	
36-45	20,96 %	37,49 %	62,51 %	
46-55	27,62 %	30,66 %	69,34 %	
56-65	25,71 %	54,25 %	45,75 %	
+ de 66	3,81 %	61,83 %	38,17 %	
Prueba de significatividad Chi-cuadrado **0,01 *0,05				

Al respecto de la distribución segmentaria planteada según el contexto urbano analizado, existen variaciones significativas, ya que los valores obtenidos en gran ciudad, resultan más asimilables a los valores representados en la gráfica global anteriormente expuesta, destacando como datos más significativos que la presencia del segmento + 66 años, aumenta su índice hasta el 8,89 %, así como el valor del segmento 46-55 años, se ve reducido en más de un 5 % (22,53 %), en favor de otros segmentos.

Por su parte, en entornos de población denominados por la FEMP como medianos y pequeños, los valores son bastante igualitarios, existiendo solo una variación relevante en la reducción drástica de la participación de la población de los dos segmentos mayores de edad en más de un 5 % con respecto al valor del contexto de ciudad (2,19 vs. 8,89, en el segmento de +66 años) y (19,97 vs. 26,09, en el segmento de 56-65 años). También se reduce la participación en contextos municipales medianos y pequeños del sector poblacional más joven de la muestra (18-25 años), ya que se produce un descenso porcentual de más de un 4,7 % con respecto al contexto de gran ciudad (7,06 vs. 11,78, respectivamente).

6.2. Resultados asociados a la variable "Participación"

6.2.1. Indicador 1: Modalidad

Los datos aportados por este indicador se seleccionaron sobre tres (3) tipos de modalidad de práctica. En la plantilla de observación se determinaron los siguientes epígrafes de clasificación:

1. Caminar: con la reseña (W), se anotaba si el sujeto manifestaba su participación caminando.

2. Carrera suave (S): el sujeto dedicaba su actividad a lo denominado coloquialmente como "trotar".

3. Carrera intensa (R): el sujeto demostraba intensidad en la participación, predominando la carrera de intensidad media-alta o el entrenamiento de series con control de tiempo.

Tabla 6. Distribución porcentual de modalidad de participación y género en los EPAF. Fuente. Elaboración propia

Modalidad	Porcentaje de participación	Mujeres	Hombres	Sig
Caminar (W)	38,24 %	62,11 %	37,89 %	,001**
Carrera suave (S)	46,08 %	29,68 %	70,32 %	
Carrera intensa (R)	15,68 %	22,93 %	77,07 %	
			Prueba de significatividad Chi-cuadrado **0,01 *0,05	

6.2.2. Indicador 2: Dinámica

Dentro del presente indicador asociado a la variable "participación", los resultados nos aportan información de cómo es la práctica que realizan los usuarios/as de los EPAF, en solitario (69,52 %), o acompañado (2 o más usuarios/as), (30,48 %).

6.2.3. Indicador 3: Tiempo de práctica por día

Uno de los valores más destacados en la definición del perfil del usuario/a lo constituía el indicador de referencia asociado al tiempo de práctica. Los resultados obtenidos al respecto se exponen como:

Tabla 7. Tiempo de práctica por usuario/a y día en porcentaje. Fuente. Elaboración propia

Tiempo de práctica por día	Porcentaje de usuarios/as	Mujeres	Hombres	Sig
30 minutos	8,57 %	63,34 %	36,66 %	0,001**
45 minutos	20,71 %	64,21 %	35,79 %	
60 minutos	36,43 %	47,43 %	52,57 %	
75 minutos	19,29 %	44,68 %	55,32 %	
90 minutos	5,71 %	34,97 %	65,03 %	
120 minutos	9,29 %	12,12 %	87,88 %	
			Prueba de significatividad Chi-cuadrado **0,01 *0,05	

Figura 3. Distribución porcentual del tiempo diario de práctica de AFD en EPAF. Fuente. Elaboración propia

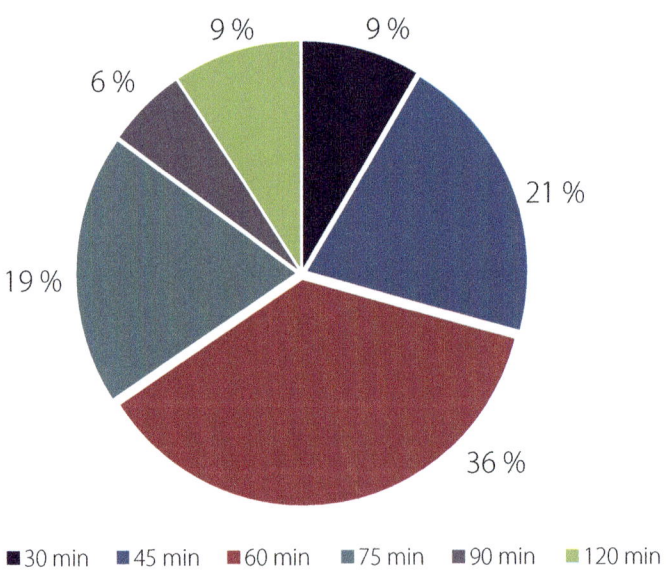

■ 30 min ■ 45 min ■ 60 min ■ 75 min ■ 90 min ■ 120 min

6.2.4. Indicador 4: Cadencia en días por semana

Este indicador nos ha aportado información relativa a la dedicación semanal que los usuarios/as analizados destinan para la práctica de AFD en los EPAF. Los valores obtenidos presentan la siguiente relación:

ACTIVIDAD FÍSICA EN ESPACIOS PÚBLICOS

Tabla 8. Cadencia semanal de práctica de AFD en EPAF. Fuente. Elaboración propia

Días por semana de AFD	Porcentaje de participación	Mujeres	Hombres	Sig
1	8,73 %	34,55 %	65,45 %	0,001**
2	23,02 %	49,33 %	50,67 %	
3	32,54 %	41,31 %	58,69 %	
4	14,29 %	47,71 %	52,29 %	
5	11,11 %	36,81 %	63,19 %	
6	6,35 %	22,87 %	77,13 %	
7	3,96 %	8,07 %	91,93 %	
				Prueba de significatividad Chi-cuadrado **0,01 *0,05

6.3. Resultados asociados a la variable "Equipamiento"

Los valores que nos aportan los indicadores asociados a esta variable (calzado adecuado para la práctica de AFD y presencia de elementos de control de la AFD) se reparten en los siguientes valores:

6.3.1. Indicador 1: Calzado adecuado para la práctica de AFD.

Un 94,54 % de los usuarios/as analizados realiza su AFD con el calzado adecuado para este tipo de actividad. Solo un 5,46 % de los usuarios no presenta un calzado adecuado. Esta franja de usuarios es mayoritaria en los colectivos de edad de 18-25 años y de más de 66, no existiendo usuarios/as con esta carencia en los sectores de edad mayoritarios en participación.

6.3.2. Indicador 2: Presencia de elementos de control de la AFD.

Un 43,69 % de los usuarios/as presenta algún tipo de dispositivo de control de la AFD que realiza. Por el contrario, el 56,31 % no presenta ningún tipo de instrumento de control del grado de AFD realizada. Como valores más reseñados para este indicador, encontramos que un 79,60 % de los usuarios/as que realizan AFD de tipo "carrera intensa", presentan elementos de control para el desarrollo de la práctica. Por su parte, los usuarios/as que realizan su actividad en la modalidad "caminar", solo presentan elementos de control de la práctica de AFD en un 9,13 % de los analizados.

7. Análisis de resultados

Los resultados aportados por la investigación desarrollada en el contexto específico de los EPAF urbanos en municipios pequeños, medianos y gran ciudad, nos permiten plantear un análisis descriptivo y validado del perfil del usuario/a que utiliza estas ubicaciones públicas como espacios deportivos no formales.

Los resultados asociados a las variables analizadas, nos exponen un escenario que define el perfil del usuario/a que utiliza los EPAF para la práctica de AFD como:

— **Perfil mayoritario masculino**
Sujeto en una horquilla de edad entre los 36 y los 55 años que realiza actividad física en una media de 2-3 días por semana y una duración por día entre los 60 y los 75 minutos. La modalidad mayoritaria de participación es la carrera suave, con determinados picos de participación en carrera intensa, descendiendo hacia intensidad baja (caminar) a partir de los 56 años. La dinámica mayoritaria de participación es individual (80,76 %). En este perfil, la totalidad de practicantes poseen calzado adecuado para la actividad y casi la mitad de la muestra (43,69 %), presentan elementos técnicos de control de la actividad. Este dato se eleva hasta el 79,60 % en el caso de los usuarios que desarrollan carrera intensa.

— **Perfil mayoritario femenino**
Sujeto en una horquilla de edad entre los 56 y los 65 años que realiza su actividad física en una media de 2-3 días semanales, con una duración media de 45 minutos por día de actividad. La modalidad mayoritaria de participación es caminar y la dinámica de participación es ligeramente superior en formato de parejas y tríos (54,22 %), aunque destaca la dinámica individual (40,36 %). Las usuarias poseen calzado adecuado, siendo minoritaria la presencia de elementos de control técnico de la actividad (inferior al 7 %).

Debemos destacar la participación mayoritaria de mujeres en el segmento poblacional entre 18 y 25 años (71,81 % del total), predominando en este caso la modalidad de participación de carrera suave.

En lo referente al contexto de participación, existe una relación entre la dimensión de la localidad y la participación por género. Así, en la gran ciudad, el porcentaje de participación masculina ha alcanzado valores cercanos a los dos de cada tres practicantes (60,98 %), mientras en los municipios pequeños, la participación es cuasi paritaria (46,93 % mujeres vs. 53,07 hombres), (véase Figura 2).

8. Discusión

Las aportaciones realizadas por la presente investigación nos permiten asociar y validar los valores de referencia que pueden facilitar información que nos permitan realizar una comparativa acerca de la participación de los ciudadanos en actividad física por cuenta propia, además de poder aportar información para detallar en mayor cuantía, las características de este tipo de población, la cual ha aumentado notablemente su presencia en EPAF (EHD 2010 y 2015).

Con respecto a la participación por género, hemos determinado con la presente investigación que no se alcanza el dato de 2 hombres por cada 3 participantes en este tipo de modalidad (García Ferrando y Llopis 2011), reseñando que, a menor dimensión de la localidad, mayor es la igualdad en cuanto a participación por género, produciéndose una supremacía decreciente del hombre sobre la mujer. También debemos reseñar que, en los extremos de edad de participación del estudio (18-25 y mayores de 66 años), la participación mayoritaria es femenina, (véase Tabla 5).

Según el presente estudio realizado en EPAF, la brecha por género estimada en la práctica deportiva se encuentra en más de 14 puntos porcentuales, lejos de la cantidad de referencia de la EHD-2015 (8 puntos porcentuales).

Hemos encontrado concordancia en los valores relacionados con la dedicación diaria a la práctica de actividad física en los EPAF con respecto a la EHD-2015, ya que se refrenda que los hombres dedican mayoritariamente poco más de 3 horas semanales (3,23 horas). Por el contrario, obtenemos un valor ligeramente inferior en la población femenina, ya que desarrollan su actividad semanal empleando 2,27 horas por 2,53 horas (EHD-2015).

Podemos refrendar lo expuesto en la EHD-2015, en lo referente a la prevalencia de participación en la modalidad de caminar de las mujeres con respecto a los hombres que utilizan los EPAF como contexto habitual de práctica. Por el contrario, no podemos refrendar lo expuesto por Martínez del Castillo et al. (2009), ya que la práctica de caminar como actividad física habitual, es mayoritaria en mujeres con respecto a los hombres, especialmente en el sector poblacional de mayor edad (+66 años), (37,89 % hombres vs. 62,11 % mujeres).

En clara referencia a lo argumentado por Olivera, A y Olivera, J. y García-Ferrando, la participación mayoritaria se concentra en la individualidad como muestra, existiendo representación en la participación en parejas, tríos o grupos, aunque de carácter poco representativo: en solitario (69,52 %), o acompañado (2 o más usuarios/as), (30,48 %).

Dentro de la colectividad, es mayoritaria la participación del género femenino y en su manifestación "caminar" como ejercicio físico (Mujeres: 62,11 % vs. Hombres: 37,89 %). Con esta tendencia se concretan y tipifican porcentualmente las estimaciones realizadas por los autores, pudiendo referenciar como validados los datos/valores obtenidos. En esta línea investigadora, Martín et al. (2014), nos exponían la tendencia alcista de la participación por género, donde las mujeres han evolucionado en sus dinámicas de participación desde el año 2005 en más de 1/3 porcentual. Podemos confirmar esta tendencia comparativa gracias a la evolución longitudinal de la EHD desde 2005 hasta 2015, ratificando en base a la modalidad de participación, que existe una tendencia mayoritaria entre las mujeres a "caminar" como modalidad. Para este autor, la modalidad de participación centrada en "correr" se establecía en el año 2014 en un 8,8 %, pasando en la actualidad sobre la base de los datos que hemos obtenido, a registrar un 26,3 % (más de 1/4 parte de las practicantes), confirmando una evolución porcentual durante el último lustro del 17,5 %, una cifra bastante considerable para ser analizada con mayor profusión en futuras investigaciones. Por su parte, no hemos podido refrendar las apreciaciones estimadas por Vilanova y Soler (2008), en lo referente a los espacios públicos y la afirmación acerca de su elevado componente masculinizador, tanto en su concepción como espacio público, como en sus dinámicas de uso. Si bien es cierto que existe una mayor participación del género masculino, no es reducida ni mucho menos minoritaria la presencia del género femenino, tal y como hemos argumentado en este apartado de este trabajo y que alcanzan el 26,3 % de la media de participantes, siendo mayor que el género masculino en determinadas modalidades de participación como caminar (62,11 %, mujeres). Es probable que nos encontremos ante un fenómeno de crecimiento evidente basado en las tendencias que manifiesta longitudinalmente la EHD desde el año 2005, ya que el estudio de estas autoras data del año 2008.

No hemos podido referenciar valores que puedan ratificar los datos aportados por Magrinyà y Mayorga (2008), referidos a la categorización y clasificación de lugares donde habitualmente se desarrolla actividad físico-deportiva al aire libre al no formar parte esta variable del estudio matriz, pero sí podemos aportar la confirmación acerca de la importancia de estos espacios públicos como localizaciones promotoras de actividad física, todo ello concretado científicamente con los datos de la evolución de la EHD. Sí entendemos como necesaria la aportación de datos de participación en otras modalidades como la calistenia, modalidad que se encuentra en auge, todo ello unido a la dotación de equipamiento específico, la cual ha sido considerable en los EPAF en los últimos años.

Por último y, en relación con la variable que analizaba la presencia de nuevas tecnologías en la práctica de actividad física, Gutiérrez (2018) planteaba que el hecho de andar y caminar tenían un destacado vínculo con las nuevas tecnologías en ese año. Con los datos obtenidos en esta investigación, no podemos constatar que esta evolución se haya consolidado pasados cuatro años, ya que el 56,31 % no presenta ningún tipo de instrumento de control del grado de AFD realizada. Sí resulta referente el hecho de establecer relación entre la modalidad de manifestación deportiva (correr intensamente) y presencia de equipamiento tecnológico, ya que más 3 de cada 4 practicantes de esta modalidad, presentan elementos tecnológicos accesorios a su dinámica de actividad física.

Por tanto, hemos podido discutir aquellas variables de referencia del estudio, pudiendo establecer una probable evolución de las mismas con secuencias que se desarrollan entre 4 y 15 años vista. Este hecho nos permite establecer una serie de valoraciones estimadas que deberían ser refrendadas en estudios concretos de determinadas variables, tanto por volumen muestral, como por perspectiva de género dada su notable evolución evidenciada con el paso de estos últimos años.

9. Conclusiones del estudio

Los EPAF son contextos que han evolucionado hacia un acondicionamiento y adecuación enfocados a su uso como lugares para el desarrollo de actividad física por cuenta propia. El ciudadano ha encontrado en estos espacios, un lugar cercano, público, concurrido y accesible donde poder mejorar su condición física, evitando encorsetarse en horarios cerrados y pretendiendo una organización flexible de su tiempo. Este aumento de la participación y su análisis del fenómeno, han sido ratificados por importancia en el presente estudio y mediante valores muestrales por la EHD-2015 en su última edición.

Establecíamos como objetivo general vinculado a la dimensión del estudio el siguiente: *Analizar el fenómeno social que representa el sobresaliente aumento de la participación en actividades físicas por cuenta propia que se desarrollan en espacios públicos, fenómeno que se ha consolidado en la última década en nuestro país.*

A este respecto y, valorando su grado de consecución gracias al trabajo de campo y análisis realizado, podemos verificar que hemos logrado determinar el objetivo fundamental del mismo, obteniendo un perfil por género de usuarios/as de estas ubicaciones públicas, consiguiendo información relevante que identifique qué ciudadanos son los potenciales usuarios/as en la actualidad y qué comparativa real y empíricamente demostrada, se puede plantear con respecto a los datos aportados por la EHD-2015 y otros autores de referencia.

Como objetivos asociados a la dimensión y referenciados sobre la base de las variables de la investigación, nos han aportado las siguientes conclusiones del estudio:

En referencia al objetivo específico que se definía como *"obtener un perfil por género de usuarios/as de estas ubicaciones públicas, consiguiendo información relevante que identifique qué ciudadanos son los potenciales usuarios/as en la actualidad y qué comparativa real y empíricamente demostrada, se puede plantear con respecto a los datos aportados por la EHD-2015 y otros autores de referencia"*, hemos logrado tipificar, gracias a una muestra amplia obtenida en diferentes localizaciones (municipio pequeño, mediano y gran ciudad, esta última con tres localizaciones diferenciadas), los diferentes perfiles asociados a variables como el género, la edad o la tipología de la práctica que realizan, lo cual sienta unas bases informativas inéditas y de un alto valor en relación con la justificación de la potenciación de los EPAF como infraestructuras socio-deportivas. Con esta prueba empírica desarrollada, hemos logrado evidenciar y justificar la importancia del colectivo poblacional que realiza actividad física por cuenta propia en lugares públicos no destinados a la práctica reglada de cualquier actividad físico-deportiva convencional.

Por su parte, en lo que respecta al objetivo específico "tipificar los diferentes perfiles asociados a variables como el género, la edad o la tipología de la práctica que realizan", hemos determinado empíricamente y sobre la base de unos resultados obtenidos mediante un exigente trabajo de campo, qué perfiles son los mayoritarios en la práctica de actividad física por cuenta propia, estableciendo inclusive relaciones entre indicadores como género, modalidad de participación o frecuencia semanal. Con estos datos, hemos podido generar una discusión que actualice las aportaciones científicas de autores reconocidos en este campo de trabajo, además de actualizar aquellas aportaciones que, como tendencia investigadora de este fenómeno, se produjeron a finales de la primera década de este siglo.

En relación con el objetivo específico que versaba *"evidenciar y justificar la importancia del colectivo poblacional que realiza actividad física por cuenta propia en lugares públicos no destinados a la práctica reglada de cualquier actividad físico-deportiva convencional"*, queremos enfatizar que, gracias a la actualización de la fundamentación teórica que se ha realizado para la justificación de contenidos de esta investigación, hemos logrado justificar el fenómeno de la masiva tendencia de la población hacia la participación liberada y ejercida en espacios públicos abiertos, demostrando que los datos aportados longitudinalmente por la EHD desde el año 2005, transforman la tendencia que se preveía, en un fenómeno social presente.

Por último y, como alegato en pos de una mayor dotación e inversión investigadora en nuestra ciencia, decidimos incluir como objetivo específico de carácter global, *"demostrar la esencialidad de la investigación en nuestra ciencia para conformar nuevo conocimiento que nos permita progresar, innovar y asentar nuevo conocimiento científico"*, pudiendo una vez finalizado el estudio, reseñar la importancia fundamental que, para nuestra ciencia, posee la investigación y la innovación como herramientas que cimenten nuestra credibilidad. Es evidente que precisamos de un mayor volumen de estudios acerca de estas tendencias de participación y socialización que giran alrededor de la actividad físico-deportiva en contextos públicos urbanos. Una mayor dimensión, análisis y difusión de este tipo de investigaciones, producirá un mayor interés sociopolítico por la causa, lo que redundará en un mayor reconocimiento de la valía social de la gestión deportiva.

10. Análisis DAFO de la investigación

Tener la capacidad de analizar los pormenores de una investigación como la realizada en este documento, nos facilita generar una amplia crítica que nos permita retroalimentar todo el proceso, sus variables y además, nos facilite nuevas perspectivas de desarrollo científico en relación con este campo de nuestro conocimiento. Por tanto, nuestro análisis basado en la metodología DAFO se centrará en evaluar lo realizado y su repercusión en base a los datos obtenidos, y proyectar futuras líneas de investigación que profundicen en la temática, sobre la cual no existe ninguna duda acerca de su impacto en nuestra sociedad actual como fenómeno empírico.

Debilidades

Hemos sido y somos conocedores de las limitaciones habituales a las que se enfrentan este tipo de trabajos de campo y su posterior análisis. Para mitigar estas conocidas debilidades, se afrontó la aplicación empírica del trabajo de campo con la colaboración del alumnado de 4.º curso de la Facultad de Ciencias de la Actividad Física y del Deporte que cursaban la materia que impartía el alumno que presenta este documento. En total, colaboraron 6 alumnos y otra profesora del Departamento de Educación Física de la Universidad de Las Palmas de Gran Canaria. En el caso del alumnado colaborador y de la profesora, todos participaron en la recogida de muestras "in situ" en los lugares seleccionados para tal finalidad, realizando un 60 % de la muestra que se incluye en este trabajo.

Las debilidades relacionadas con este tipo de trabajos de investigación siempre vienen conformadas por las limitaciones anteriormente mencionadas, las cuales pasan por poseer un número insuficiente de valores muestrales derivado de las limitaciones de tiempo y operativa, la inexistencia de estudios relacionados con la temática específica, la adecuación de las singularidades contextuales de la zona de aplicación o la diversidad de elementos a analizar, los cuales pueden tergiversar los datos y restar valor a las aportaciones científicas que de este tipo de estudios se espera. Siendo conocedores de estas debilidades, se plantearon diferentes estrategias que minimizasen estos efectos negativos sobre el proceso, actuando sobre la base de:

- Reclutamiento de hasta 7 personas que aportasen datos vinculados a los instrumentos de recogida de información, mediante un proceso previo instructivo para cada uno de ellos y su puesta en marcha mediante una prueba piloto acompañada de la Profesora colaboradora del estudio, todo ello al objeto de ejecutar con el mismo procedimiento y protocolo, la obtención de los datos.

- Es evidente que existía una carencia absoluta de estudios vinculados al análisis propuesto como eje científico de la propuesta, pero nos hemos visto beneficiados en relación con la redacción de la fundamentación teórica del mismo, de una tendencia investigadora relacionada con los espacios públicos que se produjo a principios de la década pasada (entre 2010 y 2016), donde varios autores profundizaron sobre la arquitectura pública y las posibilidades de desarrollo de actividades promotoras de su aprovechamiento como medida de acción social.

- Otra debilidad fue la conformada por la inexistencia de estudios relacionados con esta temática específica en el contexto de análisis. Canarias no cuenta con estudios actualizados sobre esta temática, además de no invertirse financiación en este tipo de investigaciones. Se trata de una rémora informativa para aquellos que buscan información que consolide nuestra actividad profesional como elemento necesario para el desarrollo social. Sin inversión en la rama social de nuestra ciencia, nunca tendremos la posibilidad de consolidar nuestro posicionamiento como ciencia y todo lo que somos capaces de aportar a la mejora de la calidad de vida y la salud de los ciudadanos.

- Por último, debemos destacar que, para el desarrollo de un análisis como el realizado en esta investigación que conforma este documento, se hacía preciso abordar un número considerable de indicadores asociados a cada una de las variables que nos permitiesen exponer un perfil del usuario de EPAF lo más real y certificado posible. La inexistencia de estudios tipo que abordasen todos estos indicadores nos obligó a validar el proceso y sus instrumentos con expertos del ámbito de las ciencias sociales con experiencia en la investigación y la proposición de planes y proyectos de desarrollo técnico en este sector. Hemos conseguido proponer una serie de indicadores lo más ajustados y específicos a la realidad del estudio planteado, creando una base de datos que puede ser extrapolable a otros contextos urbanos o periurbanos para su aplicación.

En definitiva, pretendimos minimizar las debilidades asociadas a este tipo de trabajos gracias a la información avalada por los expertos colaboradores, además de crear instrumentos de seguimiento que aportasen información de cada indicador. Como estrategia, intentamos convertir las debilidades de este estudio, ya reconocidas de antemano, en posibles alternativas que enriquecieran el estudio y sus resultados.

Es evidente que nos hubiese gustado contar con una muestra más amplia, con una mayor y más profesional dedicación de los encuestadores y recolectores de información, bien fuese mediante becas o dinero vinculado al proyecto, pero no fue posible, por lo que intentamos adaptarnos a las posibilidades con las que pudimos contar. También nos hubiese gustado contar con la información mediante entrevista personal a autores investigadores de reconocido prestigio en este ámbito como Martínez del Castillo[6] o García-Ferrando[7], todo ello al objeto de consolidar sus perspectivas acerca de la progresión surgida por la aparición de este fenómeno y de su proyección hacia la próxima década.

Amenazas

La temática de la presente investigación ha evolucionado, especialmente en los últimos años por mor de la COVID-19, hacia valores que nunca hubiésemos imaginado. La necesidad de aplicar empíricamente estos estudios para conocernos mejor, es en la actualidad y debería serlo en los próximos años, una obligación para identificar cómo y de qué forma se debe invertir en la mejora de estos EPAF, en una inmensa mayoría de los casos, polivalentes y no adecuados a la práctica de actividad físico-deportiva. Es por ello que las amenazas en el desarrollo de esta publicación han sido todas las relacionadas con los medios y procesos de obtención de la información, ya que el análisis y redacción del mismo ha corrido de parte del alumno que presenta este documento. Las amenazas más reseñadas podemos establecerlas en:

1. Dependencia de terceros en el proceso de desarrollo del trabajo de campo. Dada la temporalización del estudio y su necesidad de afrontar una toma de datos/ valores diferenciada en contextos (con hasta 6 localizaciones diferenciadas, algunas dentro de la misma localidad y otras en localidades dispersas), horarios (donde se precisaba analizar diferentes realidades en las manifestaciones como la participación o forma de desarrollo de la actividad en franjas horarias cerradas que abarcasen la práctica totalidad de días entresemana y de fines de semana), y género (donde debíamos respetar una toma de datos acordes a unos valores reconocidos a nivel nacional gracias a la EHD-2015 y al Anuario de estadísticas deportivas 2018 que nos permitiese tipificar la muestra con una estricta justificación técnica), nos llevó a

---

(6) Martínez del Castillo, J.: Analista e investigador de la realidad en la participación deportiva con numerosas publicaciones editadas en la última década del siglo pasado y primera década del presente.

(7) García-Ferrando, M.: Sociólogo de reconocido prestigio nacional e internacional que ha realizado y coordinado numerosas publicaciones oficiales relacionadas con la participación deportiva como fenómeno social.

generar una organización coparticipada y activa que favoreció el hecho de cumplir cuasi-parcialmente con el cronograma preestablecido.

2. Justificación operativa del proceso que no invalidase los datos obtenidos. Gracias a la colaboración de la Dra. C. Miriam Navarro-Hernández, se pudo coordinar una ejecución del proceso que evitase la diversificación y poca especificidad de los datos que pudiesen extractarse del trabajo de campo. Con ello quedó aplacado (probablemente no al 100 %), el error en esta parte importante del estudio.

3. Negativa del usuario/a a participar de la toma de datos. La toma de datos (cuestionario) realizado a estos usuarios se planificó para importunar lo menos posible en su práctica. El propio cuestionario se realizaba en escasos 30 segundos, ya que las preguntas eran directas, cerradas y concisas, respondiéndose cada una de ellas con un solo dato y sin necesidad de pensar en demasía. Este hecho facilitó la participación de los usuarios, los cuales no perdían su ritmo de práctica y respondían con agilidad. Este hecho no evitó que tuviésemos rechazo de algunos usuarios, todo ello a pesar de disponer de un cartel que anunciaba que se trataba de un estudio científico universitario y que solo les quitaría 2 minutos de su dinámica. Es probable que hubiésemos alcanzado los 1.000 encuestados, pero el dato era altamente ambicioso y decidimos cerrar la muestra a pesar de haber alargado en más de una semana el planning inicialmente establecido.

Fortalezas

La experiencia del autor en el desarrollo de trabajos de investigación dentro del área de conocimiento de Ciencias Sociales, ha aportado una base operativa que evitó cometer errores que retrasasen el proceso y produjesen la mortandad de elementos muestrales o la invalidez de datos derivados de los indicadores de referencia del estudio.

Este conocimiento facilitó el desarrollo de un proceso de validación que incluyó dos de los procesos que habitualmente se establecen para tal fin: el muestreo piloto y la validación por expertos. Para la validación se buscó el apoyo de un Catedrático E.U. del Departamento de Educación Física de la Universidad de Las Palmas de Gran Canaria, una Doctora en Ciencias de la Actividad física y del Deporte y de un Doctor en Psicología, todos ellos con experiencia contrastada en la realización de proyectos de investigación de base empírica, algunos de ellos de concurrencia estatal e internacional.

Entendemos que la muestra y su participación conforman una importante fortaleza de este estudio, ya que supera, en determinados contextos, la tasa de verificabilidad establecida por demografía (municipios medianos y pequeños) y se ha diversificado la muestra obtenida en la gran ciudad en base a tres localizaciones donde es una evidencia el notable aumento de la participación a lo largo de la última década.

La obtención de datos vinculados a los indicadores del estudio basados en dos instrumentos procesales diferenciados (cuestionario y planilla de observación), creemos que enriquece y consolida la fortaleza de los resultados obtenidos, ya que además de su contrastada verificación por estos dos medios, permitía establecer un vínculo entre lo manifestado por el encuestado y la realidad que posteriormente era observada y cotejada en base a la planilla. Este hecho nos facilitó una referenciación más exhaustiva y ajustada a la realidad, tanto observada como obtenida en base a los cuestionarios.

El compromiso del alumnado cooperador y la colaboración inestimable de mi compañera docente en todo el proceso de obtención de datos de la muestra, han supuesto una manifestación más que evidente de la fortaleza de la propuesta, la cual comenzó como una idea surgida de la extrañeza en la evolución de los datos de participación de los deportistas en la realización de actividades por cuenta propia de la EHD – 2010 y 2015, y la necesidad/inquietud de corroborarlos en un contexto cercano como tendencia asociada a nuestra ciencia. Entendemos que este es el camino para mejorar nuestra presencia en la aportación de nuevo conocimiento que ayude a empoderarnos como ciencia al denotarse nuestra utilidad de cara a la sociedad.

Por último, la principal fortaleza que podemos extraer de este documento técnico se basa en la aportación a la ciencia y al conocimiento de la realidad social que nos rodea, de unos datos contrastados que ayudan a identificar quiénes son las personas que han optado mayoritariamente por utilizar los EPAF como su área de confort para realizar deporte, cómo desarrollan esa actividad física en relación con la participación, cadencia semanal, horario destinado o manifestaciones de la misma (individual o en colectividad), además de exponer datos relacionados con el género y sus preferencias. Esperemos que sea de utilidad para posteriores estudios relacionados con esta causa.

Oportunidades

Inevitablemente, las oportunidades relacionadas con esta investigación y su documento asociado, tienen que ir en relación con las futuras líneas de investigación que, o bien han surgido recientemente sobre la base de otros estudios de casuística similar, o bien surgieron durante el desarrollo del trabajo de campo en sí mismo.

Como futuras líneas de investigación (oportunidades), podemos enunciar diferentes alternativas que puedan complementar este estudio o aumentar su espectro, basándonos exclusivamente en la diversificación de las variables como ejes de las mismas:

1. **Actividad física en EPAF desde una perspectiva de género:** donde se analice la participación por género tal y como se ha planteado en este estudio, pero profundizando en las motivaciones y su relación con este espacio físico en sí (búsqueda

de la soledad/tranquilidad como terapia; necesidad de realizar actividad física en entornos abiertos vinculada a problemas específicos de salud; o la representatividad y exposición de la imagen personal en EPAF como ejemplificación de una tendencia expositiva de hábitos saludables en mi contexto residencial).

2. **Análisis comparativo de la inversión pública en EPAF y en infraestructuras deportivas públicas:** donde se visualice el impacto que tiene la inversión pública en la mejora de la calidad de vida de las personas, comparando su polifuncionalidad con respecto a la inversión (por ejemplo: campo de fútbol 11 de uso cuasi-singular para la práctica del fútbol; parque público de uso socio-comunitario donde su uso es polivalente como espacio público social y deportivo).

3. **Estudio de la participación de los ciudadanos en las localizaciones públicas habilitadas y su relación con el impacto en la promoción de hábitos saludables:** donde se establezca una comparativa entre los lugares preferidos por los ciudadanos para la práctica de actividad física y la evolución longitudinal de la salud percibida en el último quinquenio. Con esta investigación podríamos relacionar el aumento de la práctica deportiva en espacios públicos abiertos (EPAF), cerrados (infraestructuras deportivas públicas) con la mejora de los parámetros de salud de la población.

4. **Análisis del impacto de la COVID-2019 en el aumento de la práctica deportiva en espacios públicos abiertos (EPAF):** donde podamos corroborar que la COVID-19 ha procurado un notable aumento de la participación de los ciudadanos en espacios públicos abiertos.

5. **Estudio y mejoras infraestructurales de los EPAF como áreas de servicio público:** donde se recojan las demandas de los usuarios de estas localizaciones y se planifiquen estas mejoras como recurso que aporte valor social a las inversiones públicas.

CAPÍTULO 3
Estrategias públicas de impacto para la mejora de la productividad social de los espacios públicos en base a la promoción de la actividad física por cuenta propia

CONTENIDO

1. Introducción

Todo estudio basado en el análisis de políticas públicas debe perseguir la mejora de los servicios públicos y la optimización en el empleo de los recursos públicos disponibles. Ese objetivo nuclear que debería estar siempre presente en la mente de cualquier gestor público, nos conduce hacia un posicionamiento estratégico que sea capaz de vincular la operatividad de los servicios públicos como medio de acceso de la ciudadanía a su propia inversión reflejada como impuestos, a la posibilidad de hacer confluir en estrategias comunes y paritarias a las diferentes Administraciones participantes del diseño, acción y promoción de estilos de vida saludables en estas localizaciones de cada ciudad o municipio y a la producción de nuevas formas de desarrollo dentro del campo de la gestión de la actividad física como medio de fomento de la salud y el bienestar personal y social. Entendemos que el aumento reflejado en las diferentes Encuestas de Hábitos Deportivos del Consejo Superior de Deportes en la última década del 11,1 % en la participación real de la ciudadanía mediante esta modalidad de uso como servicio público, merecen de una atención y dedicación específicas a partir de este momento, convirtiéndolo en un fenómeno social sin precedentes en el sector de la gestión deportiva pública.

Las líneas estratégicas que se plantean a continuación, surgen de las demandas y percepciones empíricas observadas en base al desarrollo de la investigación que ha conformado este libro, donde los usuarios establecen parámetros de mejora y apreciaciones que, en casos determinados, no podían ser incluidas en ninguna variable del estudio al uso, pero que poseen gran significatividad informativa, procediendo por parte del autor a ser profundizadas en todo el preámbulo informativo de este documento. Centrarnos exclusivamente en las variables e indicadores del origen de esta investigación, hubiese dejado en el abandono muchos parámetros informativos que hemos decidido incluir en este apartado final de estrategias de desarrollo de estos espacios públicos, considerándolo una gran oportunidad perdida en caso de haberse producido dado el volumen informativo de las mismas. Por ello, procederemos a determinar las líneas estratégicas de este estudio enfocadas a la información de detalle para la Administración pública, ya que es la autoridad competente en la mejora y desarrollo productivo de estos enclaves públicos. Para una mayor comprensión y concreción de la propuesta, hemos dividido las mismas en dos (2) dimensiones que deben ser abordadas de forma independiente, ya que tratamos de facilitar la información de la forma más concisa y operativa posible. Así, detallamos una primera dimensión operativa centrada en la dotación de nuevos espacios públicos habilitados para la práctica de la actividad física por cuenta propia en base a las recomendaciones técnicas analizadas en esta publicación, y por otra parte, incluimos una segunda dimensión más cercana y operativa en la inmediatez que se preocupa por detallar los parámetros para la mejora y actuación en los espacios públicos existentes.

Además de considerar estas derivaciones como operativas de cara a una optimización de los servicios y espacios públicos destinados a tal fin, parametrizaremos nuestras propuestas desde tres variables de desarrollo que poseen una independencia a valorar de cara a establecer preferencias en su puesta en funcionamiento. Estas variables serán la social, la técnica y la promotora.

2. Dimensión estratégica 1.ª: dotación de nuevos espacios públicos habilitados para la práctica de la actividad física por cuenta propia

Las Administraciones públicas poseen un instrumento de referencia en la aplicación sobre el territorio de las diferentes propuestas de mejora dotacional para la ciudadanía. Los Planes de Ordenación del territorio, Planes Generales de Ordenación, o Planes Municipales de Ordenación urbana, son los elementos técnicos de concreción más validados cuando se establecen las propuestas de creación de nuevos espacios públicos.

Los suelos dotacionales destinados a los espacios públicos que pueden ser utilizados por la población como áreas de actividad terrestre, han ganado importancia en las últimas revisiones de los mismos con carácter general, todo ello debido a la saturación en la construcción de viviendas en las décadas de los 90 y primera década de los 2000, lo que ha significado un aumento del suelo de uso público como espacio libre.

2.1. Variable social

Para la presente dimensión nos encontramos con diferentes factores que pueden poseer relevancia en el proceso de toma de decisiones por parte de las Administraciones. Los indicadores de ámbito social más repetidos en los estudios precedentes y en nuestra propia investigación, nos aportan información que nos será de gran utilidad para conformar un corpus dentro de esta variable. Así, podemos tipificar varias consideraciones relevantes dentro de esta variable como son:

1. **Diversidad de servicios para todos los estratos de población:** los espacios públicos abiertos de la tipología detallada en este estudio, poseen características comunes que garantizan una equidad social evidente. Su posibilidad de uso es libre y gratuita, lo que significa un primer aspecto favorable para la disposición de bienes públicos para todos. Al contrario de lo que ocurre con otras infraestructuras públicas donde se requiere el pago de una cuota o tasa pública para su uso, los espacios públicos definidos como áreas de actividad terrestre (plazas, playas, avenidas peatonales, circuitos o anillos verdes…) son localizaciones de uso libre, abierto y gratuito, lo que nos facilita que las inversiones públicas sean generalistas y de un disfrute global mayoritario por toda la ciudadanía. Dentro de estas localizaciones se han venido invirtiendo cuantías públicas destinadas a una mejor dotación de las infraestructuras, equipamientos y accesibilidad. Esto ha supuesto un efecto llamada hacia aquellos ciudadanos que pretenden iniciar una rutina de actividad física frecuente y que observan cómo la inversión en este tipo de localizaciones, garantiza un uso ágil y seguro en parámetros como la salud.

2. **Polivalencia de los espacios y capacidad de convivencia intergeneracional:** esta tendencia a la potenciación en la apertura de espacios públicos mejor dotados ha supuesto un aumento de la participación, hecho reflejado en esta investigación y contrastado con las diferentes encuestas estatales que así lo estiman, encontrando una mayor relevancia en la equidad en los rangos de participación según el segmento de edad. Si bien es cierto a tenor de los resultados, que la participación mayoritaria de la ciudadanía se encuentra en el sector de la población adulta, ha existido un aumento considerable de participación en la población mayor de 60 años y una nueva apertura de sector de participación entre la población joven menor

de 25 años, preferentemente en el género femenino. Esta deriva nos obliga a un replanteamiento de la acción social y política, ya que los objetivos de estos sectores de población poseen diferencias para con el resto de grupos de edad. En el caso de la población mayor, las demandas se encuentran más centradas en la accesibilidad y la seguridad, siendo la preferencia de la población joven, la seguridad, especialmente en horario nocturno.

2.2. Variable técnica

Son muchos los detalles que enfatizar relacionados con esta variable, los cuales pretendemos concretar en varios subapartados que clarifiquen el posicionamiento en base a los datos obtenidos.

3. **Planes de Ordenación municipal:** desde las Administraciones locales debe mantenerse la tendencia a la mejora en la dotación de este tipo de espacios públicos, los cuales ha quedado demostrado que cumplen con una destacada labor social entre la población. La acción política como generadora de propuestas técnicas debe concretarse en la apuesta remarcada por potenciar el aumento de metros cuadrados de este tipo de localizaciones en su municipio. La demanda social ha conducido en la actualidad a un aumento de la concienciación política en este aspecto que debe verse reflejada en una mayor dimensión de espacios públicos abiertos susceptibles de ser utilizados para la práctica de actividad física. Por este motivo, establecemos como recomendación que se realice una revisión de los documentos técnicos de ordenación del territorio municipales, extractando los datos que nos permitan establecer una relación entre metros cuadrados disponibles en uso, metros cuadrados potenciales de cara a inversiones futuras y qué valor concreto de relación entre el censo de población por barrio y metros cuadrados de espacios públicos abiertos se posee. Esto permitirá una ubicación en una realidad comparativa para con otros municipios que nos ayude a enfocar nuevas propuestas y decisiones técnicas que ayuden a mejorar la dotación local de relativa a estos espacios públicos.

4. **Cercanía y accesibilidad:** hemos detallado en este documento aquellos parámetros que definen este aspecto denominado cercanía y accesibilidad. En varias publicaciones de ámbito estatal y de marcado carácter técnico, se nos especifica que las localizaciones de este tipo de espacios públicos abiertos deben encontrarse a no más de 500 metros de la ciudadanía o a diez (10) minutos a pie de la zona de residencia. Es evidente que en una amplia mayoría de los municipios españoles, esta realidad o recomendación es inexistente. A pesar de la apuesta de los últimos años por la mejora de estos espacios o su mayor dotación de suelo en los municipios, la mayoría de los mismos incumplen con creces esta recomendación. Este hecho

debería llevarnos a un análisis de la realidad local y al establecimiento de Planes estratégicos de inversión que hagan cumplir estas recomendaciones y se conviertan en una realidad a medio o largo plazo (cinco años vista). Entendiendo como lento el proceso burocrático de tipificar o modificar el uso de un determinado suelo público, su proyección como espacio público y la inversión posterior en el mismo, sí consideramos suficiente un lustro como período de planificación, proyección y ejecución de estas nuevas propuestas. Por su parte, si atendemos a un indicador normativo que por ley debe cumplirse en todos los espacios públicos como es la accesibilidad universal, solo tenemos que ceñirnos a los informes periódicos de accesibilidad que diferentes organizaciones del ámbito de la igualdad de acceso a espacios públicos para personas con movilidad reducida emiten cada año. En estos informes se alerta de los problemas de acceso universal que presentan las vías públicas, los espacios públicos, las playas o los propios parques. El envejecimiento paulatino en aumento de nuestra población y sus evidentes dificultades de movilidad por mor de la edad y sus consecuencias, nos deben hacer reflexionar acerca del estado de nuestros servicios públicos, teniendo como objetivo de cara a las nuevas inversiones a planificar, que se priorice la accesibilidad universal como medida de acercamiento de estas localizaciones a la población que presenta problemas de movilidad (colectivos especiales de movilidad limitada derivada de enfermedades o afecciones graves en población mayor derivadas de enfermedades o accidentes cardiovasculares).

5. **Equipamiento diverso para cada grupo de edad:** el gran espectro social poblacional que abarca todos los rangos de edad y que disfruta del uso de estos espacios, nos conduce a una propuesta de equipamiento amplio, diverso y localizado. En la planificación de estos nuevos espacios libres como lugares promotores de actividad física por cuenta propia, deben considerarse diferentes localizaciones de áreas de actividad que confluyan en un uso activo y efectivo. Nuestra recomendación se centra en diferenciar claramente aquellos espacios para la práctica de habilidades motrices como caminar o correr, y que estos se encuentren perfectamente separados de espacios para el trabajo de la fuerza y la movilidad articular. En nuestro entorno cercano podremos observar cómo, en ocasiones, se produce una mezcla de estos espacios que no produce ningún efecto positivo entre los usuarios, ya que los objetivos y rango de edad son mayoritariamente opuestos. Las zonas de trabajo aeróbico donde correr y caminar son utilizadas por toda la población, pero hemos constatado en este estudio que la población que preferentemente las utiliza es la población adulta y mayor. Por su parte, en aquellos parques donde se han implementado equipamientos relacionados con el trabajo de la fuerza, el uso mayoritario es de población joven y adulta (equipamiento de fuerza fijo o

equipamiento de calistenia). Por tanto, debemos generar espacios localizados y específicos para estos grupos de edad que no interfieran en sus objetivos ni desarrollo de una actividad dentro de la normalización en el uso que conlleva cada grupo de edad.

6. **Características del equipamiento para la mejora de la práctica de actividad física por cuenta propia:** aquellos usuarios que deciden apostar por una actividad no regulada por Técnicos en actividad físico-deportiva, también requieren de medios que garanticen su salud e higiene propedéutica en el desarrollo de sus actividades. Para ello y, en base a las características de los espacios públicos destinados a tal fin, debemos considerar varias cuestiones como de vital importancia para ello. Con respecto a las características del suelo donde se realiza la actividad aeróbica, este debe cumplir con una garantía evidente de práctica saludable. En este sentido, los suelos rígidos y sin flexibilidad producen impactos articulares que la población adulta y mayor reciben muy negativamente en su organismo. La aparición de dolencias articulares en rodillas, cintura y caderas debido a la práctica de correr y, en ocasiones caminar, nos obliga a una revisión de los suelos donde se realizan este tipo de actividades para tender a la búsqueda de soluciones que garanticen este principio básico de actividad física para la salud. Para lograrlo, debemos planificar el establecimiento de una superficie donde se aporte un componente flexible y de absorción de impactos. A todo ello, debemos garantizar el filtrado de las aguas de lluvia o riego que no modifiquen la superficie, ni afecten negativamente a la misma generando una mayor compactación y dureza. Es evidente que el material que garantiza todas estas características no es otro que la "arena de río", la cual es capaz de ofrecer firmeza en seco con la suficiente flexibilidad para garantizar una práctica segura con nuestro cuerpo, además de filtrar las aguas recibidas sin deformación evidente. La compactación de suelos con arenas de montaña, zahorras o tierras provenientes de áreas pedregosas, producen deformaciones en la superficie al contacto con el agua, además de una sobrecompactación y dureza con el paso del tiempo que perjudica al practicante y sus articulaciones. En determinadas ocasiones donde la imposibilidad de dotar de un suelo garantista para con nuestro organismo sea evidente, la aplicación de una superficie compactada de carácter técnico (tartán o equivalente), pasa por ser una de las únicas posibilidades para evitar problemas de salud entre los usuarios. Por lo que respecta al equipamiento destinado a la mejora de la movilidad y la fuerza, hemos asistido a una extensiva inversión pública a este respecto, preferentemente en los denominados "aparados biosaludables", o aquel equipamiento destinado a la mejora de la movilidad articular y el ejercicio aeróbico estático. La gran diversidad de calidades ofrecidas y las relaciones calidad-precio ante este boom asimilado como moda por las Administraciones con respecto a estos

aparatos, han derivado en estampas desagradables expuestas por equipamiento en mal estado, tornillerías deficientes y limitaciones de uso de los mismos por sus bajas calidades. Debemos ser estrictos en las características técnicas que se establecen en los pliegos de suministros para evitar el despilfarro de dinero público en este sentido. Apostar por aparatos útiles, de pequeño desarrollo y donde la tornillería sea de calidad, garantizará una durabilidad y disposición al público garantista y longeva. Por su parte, los aparatos especialmente destinados al trabajo de la fuerza, deben poseer un plan de mantenimiento preventivo continuado que garantice un uso activo y efectivo. Para ello se recomienda la contratación de los servicios de mantenimiento y seguro con la entidad suministradora, ya que los costes derivados del mantenimiento y reposición de este equipamiento, superan en ocasiones a los costes de adquisición, lo que hace evidente la selección de un servicio accesorio de mantenimiento por especialistas.

7. **Zonas verdes:** las condiciones climáticas y ambientales para el desarrollo de una práctica de actividad física saludable y segura son determinantes para ofrecer a la ciudadanía un lugar idóneo para ello. En este sentido, debemos incluir en la planificación de estos espacios la suficiente superficie arbórea que facilite una práctica saludable y en condiciones óptimas. Numerosos son los estudios que podemos encontrar en cualquier plataforma que nos alertan del aumento considerable de la temperatura en superficie ante la inexistencia de arboleda, existiendo datos de lugares localizados a solo 20 metros donde existe una amplitud térmica entre zona sombría por arbolado y zona desierta de arbolado de más de 15 grados en superficie. Por tanto, la inclusión estratégica de arbolado de gran porte en las zonas de actividad física aeróbica (caminar y correr) se nos antoja esencial de cara a garantizar una práctica segura y saludable, especialmente en los meses de verano donde se alcanzan y mantienen temperaturas superiores a los 30 grados con facilidad. La localización de esta arboleda debe estar condicionada a la circulación solar diaria para favorecer la sombra de los mismos sobre la superficie de actividad física en los horarios de mayor impacto (entre las 12.00 y las 19.00 horas).

8. **Dotación de servicios básicos:** una de las principales demandas de los usuarios de estos espacios públicos que así nos lo han comunicado, se centra en la inexistencia de aseos y servicios en estos lugares. Este servicio de primera necesidad debe estar presentes y accesibles de una forma controlada y segura. Uno de los principales problemas de la oferta de aseos en estos lugares se centra en la inseguridad y el vandalismo que suele acompañar a estas iniciativas. Estos actos incívicos perjudican a la generalidad de los usuarios, debiendo por nuestra parte, ingeniar recursos que luchen contra esta lacra social. Para solventar este problema, apostaremos por los baños modulares antivandálicos que están presentes en los parques de muchas

ciudades francesas. Se trata de estructuras modulares autogestionadas, las cuales presentan una serie de características de uso que facilitan su gestión y evitan el vandalismo. Se trata de estructuras modulares que cuentan con una vasija y un lavamanos. Otra de las características que poseen es que carecen de material fungible como el papel, para evitar su mal uso y robo. Para acceder a los mismos es necesario registrarse mediante cualquier sistema que permita la localización mediante teléfono móvil del usuario, dejando constancia y registro de quién es el usuario que accede. Una vez registrado, se puede utilizar libremente. El tiempo máximo de estancia en el aseo es de 5 minutos, existiendo un registro temporal del mismo y un aviso mediante audio de que la puerta se abrirá automáticamente pasado este tiempo. Con ello se evitan usos incívicos de los aseos que no sean el destino de primera necesidad. Una vez se abandona el habitáculo y, según el tiempo de uso del mismo, el mecanismo del módulo actúa de forma automática procediendo a la limpieza e higienización del mismo, no pudiendo acceder ningún usuario en los siguientes 2 minutos. Se trata de un sistema antivandálico, ya que siempre queda registro de quién es el usuario que accedió mediante su código de acceso y es un sistema autónomo que no requiere de personal pendiente del servicio.

2.3. Variable promocional

La tendencia creciente en la participación de la ciudadanía de esta modalidad de uso y localizaciones como servicio público, nos encomienda hacia la mejora de los mismos en base a la promoción de mejoras que redunden en una potenciación del fenómeno como bien social. Para lograrlo, establecemos una serie de aspectos esenciales que acogemos como propuestas y acciones a promover desde las Administraciones públicas.

9. **Seguridad:** promover la práctica de actividad física en espacios abiertos conlleva que los usuarios exijan garantías de seguridad para poder acogerse a la misma. La inseguridad en las ciudades presenta valores crecientes en los últimos años, según los datos de los observatorios estatales sobre la temática y esto no es positivo para la promoción de estos lugares como espacios públicos de servicios. Por tanto, debemos acometer un Plan de Seguridad que incluya la vigilancia de los usuarios y sus bienes en la planificación de nuevos espacios públicos donde se practique actividad física. Por su parte, consideramos esencial la dotación de un circuito de vigilancia conectado con la Policía Local mediante cámaras localizadas en altura que permitan el registro de los movimientos de las personas que se introduzcan en estos espacios. De esta forma, siempre quedará constancia y registro de cualquier anomalía denunciable por el ciudadano, aportando seguridad y garantías ante la posible denuncia. Este hecho se hace extensible a la vigilancia de los bienes de los usuarios de la tipología de bicicletas, patinetes o enseres personales. Establecer

una cámara de vigilancia en el lugar donde se ubican estas pertenencias es una obligación ante posibles hurtos y sustracciones de terceros. A todo ello debemos garantizar una iluminación clara en horario nocturno de todas las dependencias, ya que contar con suficiente iluminación ofrece garantías de seguridad al usuario. Dicha iluminación debe estar localizada a nivel suelo y usuario, ya que si contamos con arboleda de gran porte, localizarla en altura va a generar espacios de oscuridad que no benefician en nada al usuario. Por tanto, apostaremos por luminarias que no excedan de los 2,5 metros de altura para garantizar la iluminación ambiental cercana y del suelo.

10. **Presencia de paneles informativos y detalle de distancias:** los usuarios demandan, cada vez más, estar informados de todo lo que conlleva el uso de estos espacios como lugares de práctica de actividad física frecuente. Aportar información relativa a la temperatura ambiental y la humedad relativa, la información horaria o información local puntual de carácter promocional, ha pasado de ser una opción a una obligación. Especialmente reseñable es la información relativa a las distancias con marcas fijas para aquellos usuarios que realizan actividad de carácter aeróbico o la información preventiva relativa a la correcta movilidad articular para el usuario.

11. **Presencia de profesionales de la actividad física en labores de asesoramiento:** la concienciación en relación con la necesidad de aportar conocimiento técnico y asesoramiento a los usuarios de estos espacios públicos donde se realiza actividad física es cada vez mayor y, por suerte para todos, cada vez son más las Administraciones públicas que apuestan por promover programas de asesoramiento y apoyo a los usuarios mediante estancias periódicas y apoyo a la actividad física programada y saludable. Esta propuesta debe ser potenciada y diversificada a los diferentes estratos poblacionales para conseguir el objetivo fundamental de generar espacios de actividad física segura y saludable.

3. Dimensión estratégica 2.ª: parámetros y actuaciones para la mejora de detalle en los espacios públicos existentes

Dentro de las principales actuaciones que recomendamos para la mejora de los espacios públicos destinados a la actividad física por cuenta propia, se encuentran aspectos que han sido reseñados por los propios usuarios en el desarrollo de la investigación y que no estaban presentes como indicadores del estudio, pretendiendo en este apartado dar voz a esos usuarios que, pasan por ser los mejores conocedores de la realidad por su uso habitual de estas localizaciones.

3.1. Variable social

Uno de los principales recursos demandados por los usuarios se centra en la necesidad de contar con lugares de encuentro dentro de estos espacios públicos donde poder hablar, compartir experiencias y mejorar las relaciones interpersonales. Para ello, los espacios públicos actuales a disposición de los usuarios deberían contar con zonas de descanso o potenciar la oferta de servicios de cafetería como estrategia de mejora del componente social. También añadimos en este apartado la necesidad de dotar de aseos y servicios a estos espacios públicos, ya que se trata de una demanda muy acentuada por los usuarios que debiera abordarse a la mayor brevedad posible con carácter preferente. Para su tratamiento, volvemos a hacer referencia al apartado desarrollado en el epígrafe anterior a este que estamos tratando.

3.2. Variable técnica

En esta apartado, abordamos la necesidad de dotar de áreas de equipamiento destinado al trabajo de la fuerza en estos espacios públicos. Los denominados "aparatos biosaludables" solo cumplen la función de la mejora de la movilidad entre los usuarios, haciéndose necesaria la dotación de otros aparatos para el trabajo de la fuerza que potencien la optimización del tiempo y el trabajo específico entre los diferentes sectores de población, especialmente entre los mayores. Esta apuesta debe ir acompañada del asesoramiento técnico de profesionales para garantizar su operatividad y uso efectivo.

3.3. Variable promocional

Además de los aspectos y consideraciones reseñadas en el apartado del epígrafe anterior donde se aborda esta variable para futuras inversiones en espacios públicos, debemos considerar que la conectividad es una de las necesidades más imperantes en las ciudades y municipios para poder afrontar el problema de la accesibilidad universal de la ciudadanía a estos espacios. Es evidente que se incumple en la mayoría de los casos, la cercanía como medida de promoción de estas ubicaciones, comprendida entre los 500 metros o 10 minutos a pie. Por tanto, los servicios públicos de transporte deben acometer mejoras en su circulación y paradas que favorezcan la conectividad con estos espacios públicos para toda la ciudadanía. Cualquier ciudadano debe poder acceder mediante transporte público a estos espacios públicos con amplitud horaria y disposición para su traslado.

Referencias bibliográficas

Capra, F. L., y Cruz, A. R. (2018). Usuarios, motivaciones y socialización en los parques biosaludables. *Revista Iberoamericana de Ciencias de la Actividad Física y el Deporte, 7(2)*, 29-39.

Chacón-Borrego, F., Corral-Pernía, J. A., & Ubago-Jiménez, J. L. (2017). Uso de espacios públicos para la práctica de actividad física: influencia de variables sociodemográficas en personas adultas.

Cornejo-Valle, M., Martín-Andino, M., Esteso-Rubio, C. y Blázquez-Rodríguez, M. (2019). El giro saludable: sacrificio, sanación, bienestar y su relación con la espiritualidad contemporánea. *Athenea Digital, 19(2)*, e2125. https://doi.org/10.5565/rev/athenea.2125.

Cornejo-Valle, M. & Blázquez-Rodríguez, M. (2013). La convergencia de salud y espiritualidad en la sociedad postsecular. Las terapias alternativas y la constitución del ambiente holístico. *Antropología Experimental, 13(22)*.

Corrales, A. R. (2009). Hábitos saludables de la población relacionados con la actividad física como ocio. *TRANCES: Revista de Transmisión del Conocimiento Educativo y de la Salud: 80 - 91*.

Delgado-Acosta, CR. y Calero-Martino, CG. (2016). Los espacios públicos urbanos: lugares para el aprendizaje geográfico. *Hábitat y Sociedad, 9* (171).

Europapress. (2016). *Organización Mundial de la Salud. 2014. "Organización Mundial de la Salud fija a Las Palmas de Gran Canaria como la ciudad con mejor calidad del aire en España".* Las Palmas de Gran Canaria. Consulta 29 diciembre de 2016 (http://www.europapress.es/islas-canarias/noticia-organizacion-mundial-salud-fija-palmas-gran-canaria-ciudad-mejor-calidad-aire-espana-20140508103558.html).

Fariña Tojo, J., Higueras García, E., y Román López, E. (2019). Ciudad, Urbanismo y Salud. Documento Técnico de criterios generales sobre parámetros de diseño urbano para alcanzar los objetivos de una ciudad saludable con especial énfasis en el envejecimiento activo.

Fariña J., Higueras E., Román E., Pozo, E. (2022). *Guía para planificar ciudades saludables. Ministerio de Sanidad*, FEMP. Madrid.

García-Ferrando, M. y Llopis, R. (2011). *Ideal democrático y bienestar personal: encuesta sobre los hábitos deportivos en España 2010*. Consejo Superior de Deportes y Centro de Investigaciones Sociológicas.

García-Ferrando, M. (2001). *Los españoles y el deporte: prácticas y comportamientos en la última década del siglo XX*. Consejo Superior de Deportes.

García-Valdecasas, J. I. y López, I. (2017). *Revista de Geografía Norte Grande, 67*: 145-165 (2017).

Hita Alonso, C., López Capra, F. y Martos Fernández, P. (2019). Espacio y deporte: los parques biosaludables en Granada. *Revista Española de Educación Física y Deportes, 426* (Esp.), 453-462.

Hontangas, J., Orts, F. J. y Mestre, J. A. (2014). *La gestión participada en el deporte local*. Colección de Derecho deportivo. Editorial Reus.

Ibáñez, S. (2004). Las infraestructuras en el Censo Nacional de Instalaciones Deportivas. *Revista de Estadística y Sociedad*, 6-8.

Laparra, M. y Pérez-Eransus, B. et al. (2012). Crisis y fractura social en Europa. Causas y efectos en España. *Colección Estudios Sociales, 1*(35). Fundación La Caixa.

Magrinyà, F., & Mayorga, M. Y. (2008). Diseñar la ciudad para el deporte en los espacios públicos. *Apunts Educación Física y Deportes*, 1(91), 102-113.

Martín, M. et al. (2014). Diferencias de género en los hábitos de actividad física en la población adulta en la Comunidad de Madrid. *RYCIDE, Revista Internacional de Ciencias del Deporte, 10*(38). DOI: 10.5232/ricyde

Martín, M. et al. (2009). La práctica deportiva en España: desigualdades entre mujeres y hombres en la población joven, adulta y mayor. En: «*I Congreso internacional de cultura y género: la cultura en el cuerpo*», 11/11/2009 - 13/11/2009, Alicante, España.

Martínez-Luna, S. (2019). "Imágenes públicas: cultura visual y la redefinición de la esfera pública". *Revista Política y Sociedad*, 56(447), falta paginación.

Mestre-Sancho, J. A. (2012). *Planificación estratégica del deporte*. Editorial Síntesis. España.

Ministerio de Educación, Cultura y Deporte (2005). *"Censo Nacional de Instalaciones deportivas"*. Consejo Superior de Deportes. Madrid. España.

Ministerio de Educación, Cultura y Deporte (2006). *"Encuesta de Hábitos Deportivos en España (2005)".* Consejo Superior de Deportes. Madrid. España.

Ministerio de Educación, Cultura y Deporte (2011). *"Encuesta de Hábitos Deportivos en España (2010)".* Consejo Superior de Deportes. Madrid. España.

Ministerio de Educación, Cultura y Deporte (2016). *"Encuesta de Hábitos Deportivos en España (2015)".* Consejo Superior de Deportes. Madrid. España.

Nuviala, R. N., Teva-Villén, M. R., Pérez-Ordás, R., Grao-Cruces, A., Fajardo, J. A. T., & Nuviala, A. N. (2014). Segmentación de usuarios de servicios deportivos. *Retos. Nuevas tendencias en Educación Física, Deporte y Recreación, 1*(25), 90-94.

Olivera, A y Olivera, J. (1995). "Propuesta de una clasificación taxonómica de las actividades físicas de aventura en la naturaleza. Marco conceptual y análisis de los criterios elegidos". *Apunts, Educación Física y Deportes, 1(41),* 108-123.

Olivera, A y Olivera, J. (2016). "Las actividades físicas de aventura en la naturaleza (AFAN): revisión de la taxonomía (1995-2015) y tablas de clasificación e identificación de las prácticas". *Apunts. Educación Física y Deportes, 1*(124),71-88. DOI: http://dx.doi.org/10.5672/apunts.2014-0983.es(2016/2).124.09

Orzanco Garralda, M. R. (2015). Influencia del entorno en la actividad física de la población adulta del Área Metropolitana de Pamplona. Artículo o libro?

Puig, N., & Maza, G. (2008). El deporte en los espacios públicos urbanos. Reflexiones introductorias. *Apunts Educación Física y Deportes, 1*(91), 3-8.

Puig, N., Vilanova, A., Camino, X., Maza, G., Pasarello, M., Juan, D. y Tarragó, R. (2006). Los espacios públicos urbanos como generadores de redes sociales. El caso de la ciudad de Barcelona. *Apunts. Educación Física y Deportes 1*(84), 76-87.

Reche, A. R., Fernández, P. M., & Alonso, C. H. (2015). La socialización de las personas mayores en el parque biosaludable. *RICCAFD: Revista Iberoamericana de Ciencias de la Actividad Física y el Deporte, 4*(3), 21-33.

Regidor, E., Reoyo, A., Calle, M. E., y Domínguez, V. (2002). Fracaso en el control del número de víctimas por accidentes de tráfico en España: ¿La repuesta correcta a la pregunta equivocada? *Revista Española de Salud Pública, 76,* 105-113.

Sánchez, D. M., del Rosal, R. S., Velázquez, L. B., y Rodríguez, M. M. (2013). Ciudadanía sedentaria versus ciudadanía activa. Un nuevo canon social en el acceso a la salud y el bienestar. *Methaodos. Revista de ciencias sociales, 1*(1), 123-140.

Sime-Poma, L. (2011). Hacia una sociedad saludable: la educación ante la transición epidemiológica mundial. *Revista Electrónica Diálogos educativos, n.º 21.*

Torné, S. M. (2019). El diseño del espacio público urbano para la promoción de la práctica deportiva. *RES. Revista Española de Sociología*, *28*(3), 445-460.

Universidad Internacional de La Rioja. (2021). La teoría del conflicto: objetivos e influencia de esta teoría sociológica. *Revista UNIR.*

Valera, G. (2001). La Explicación de los Fenómenos Sociales: Algunas Implicaciones Epistemológicas y Metodológicas Fermentum. *Revista Venezolana de Sociología y Antropología, vol. 11*, núm. 30, enero-abril, 2001, pp. 87-114

Vázquez, B. (1993). *Actitudes y prácticas deportivas de las mujeres españolas.* Ministerio de Asuntos Sociales, Instituto de la Mujer.

Vilanova, A., & Soler, S. (2008). Las mujeres, el deporte y los espacios públicos: ausencias y protagonismos. *Apunts Educación Física y Deportes*, *1*(91), 29-34.

Sobre el autor

Roberto Ojeda García

Doctor en Gestión Deportiva por la Universidad de Las Palmas de Gran Canaria (2005) y Máster en Gestión Deportiva por la Universidad Internacional de Valencia (2022).

Profesor del Departamento de Educación Física de la Universidad de Las Palmas de Gran Canaria (2007-2019).

Funcionario de carrera Grupo A del Cuerpo de Docentes del Gobierno de Canarias. Investigador nacional e internacional de proyectos vinculados con la participación en actividades físico-deportivas, la gestión de infraestructuras deportivas y la planificación estratégica del deporte.

 **es una editorial especializada en libros de**

Educación Física y
Pedagogía del Deporte

@INDEEditorial

@editorial_inde

@INDEEditorial

Consulta todo nuestro catálogo

www.inde.com

editorial@inde.com